CÓMO PERSEVERAR
A TRAVÉS DE LAS

pruebas

Libros de Charles Spurgeon
publicados por Portavoz:

Apuntes de sermones

Cómo descansar en las promesas de Dios
(compilado por Jason K. Allen)

Cómo perseverar a través de las pruebas
(compilado por Jason K. Allen)

El poder de las Escrituras
(compilado por Jason K. Allen)

La prioridad de la oración
(compilado por Jason K. Allen)

Promesas y palabras de aliento para cada día

Solamente por gracia

C. H. SPURGEON

CÓMO PERSEVERAR A TRAVÉS DE LAS
pruebas

COMPILADO POR
JASON K. ALLEN

EDITORIAL
PORTAVOZ

This book was first published in the United States by Moody Publishers, 820 N. LaSalle Blvd., Chicago, IL 60610 with the title *Spurgeon on Persevering Through Trials*, copyright © 2022 by Jason K. Allen. Translated by permission. All rights reserved.

Este libro fue publicado originalmente en los Estados Unidos por Moody Publishers, 820 N. LaSalle Blvd., Chicago, IL 60610 con el título *Persevering Through Trials*, copyright © 2022 por Jason K. Allen. Traducido con permiso. Todos los derechos reservados.

Edición en castellano: *Cómo perseverar a través de las pruebas* © 2023 por Editorial Portavoz, filial de Kregel Inc., Grand Rapids, Michigan 49505. Traducido con permiso. Todos los derechos reservados.

Traducción: Ricardo Acosta
Diseño interior: Kent Jensen
Cover illustration of Charles Spurgeon copyright © 2015 by denisk0/iStock (484302822). All rights reserved.

EDITORIAL PORTAVOZ
2450 Oak Industrial Drive NE
Grand Rapids, MI 49505 USA
Visítenos en: www.portavoz.com

ISBN 978-0-8254-5012-9 (rústica)
ISBN 978-0-8254-7034-9 (epub)

1 2 3 4 5 edición / año 32 31 30 29 28 27 26 25 24 23

Impreso en los Estados Unidos de América
Printed in the United States of America

Con profundo aprecio, dedico este libro a Bill y Connie Jenkins. Por la bondadosa providencia de Dios, son amistades que han llegado a ser como parte de la familia. Bajo la providencia de Dios, la Spurgeon Library del Midwestern Seminary no existiría sin la generosidad personal de esta pareja.

Contenido

Introducción

LOS LECTORES INFORMADOS acerca de Charles Spurgeon saben lo que a menudo los admiradores lejanos del gran hombre no conocen: que este gran predicador del siglo XIX luchó con la depresión durante toda su vida adulta. Esto es verdad. Aunque Spurgeon se elevó a alturas desconocidas en el púlpito, con frecuencia se hundió en profundidades inimaginables en su vida privada.

¿Qué llevó al predicador más destacado del siglo XIX a las agonías de la depresión? Además de los factores orgánicos internos que pudieron haber existido, sabemos de al menos tres factores externos importantes: enfermedad crónica, tragedia personal y pruebas vocacionales.

A lo largo de su vida, Spurgeon padeció enfermedades crónicas. Las limitaciones de la medicina del siglo XIX exacerbaron estas dolencias. Cabe señalar que, durante gran parte de sus años adultos, Spurgeon sufrió de gota y, muy probablemente, de la enfermedad de Bright. Pocas aflicciones perturban tanto el alma como un dolor físico incesante. Y eso es precisamente lo que Spurgeon soportó durante su vida y ministerio.

Spurgeon también experimentó desastres personales. Su amada esposa Susannah sufrió complicaciones de salud. Los problemas ginecológicos persistentes culminaron en una cirugía importante a finales de la década de 1860, dejándola en estado casi inválido.

Por tanto, Spurgeon no solo estaba agobiado por sus propias complicaciones de salud, sino que también se angustiaba al ver a su amada Susie sufrir de manera similar, y sentía la carga de ayudarla en momentos de necesidad.

Además, los inicios del ministerio de Spurgeon se vieron empañados por la catástrofe del Royal Surrey Gardens Music Hall. Con una asistencia que superaba con creces el límite de capacidad de diez mil invitados, un bromista gritó: «¡FUEGO!», lo que provocó una estampida humana hacia las puertas. Como resultado, ocho personas murieron y decenas resultaron gravemente heridas. Spurgeon estaba tan alterado por la tragedia que cayó en una depresión muy profunda y consideró dejar el ministerio. Durante varias semanas no volvió a subir al púlpito.

Por último, Spurgeon soportó temporadas de contiendas vocacionales (en su caso, conflicto ministerial). En forma sistemática defendió la fe; de manera inquebrantable abogó por la sana doctrina. Ya sea contra el campbelismo, el darwinismo, el arminianismo o la alta crítica alemana, Spurgeon siempre se mantuvo firme.

Nunca fue más claro que visto a través del prisma de la Controversia del Declive, la cual resultó en la censura de Spurgeon por parte de la Unión Bautista. Aunque la historia reivindicó después al «príncipe de los predicadores», las consecuencias interpersonales (y el desacuerdo doctrinal que las provocó) sumieron una vez más a Spurgeon en profunda depresión.

A medida que lees este libro es posible que te encuentres en medio del desánimo, si no en una depresión absoluta. O tal vez conozcas a alguien que experimente una lucha similar. En esta obra no señalo a Spurgeon, ni siquiera a estos sermones editados por él, sino al Salvador que presentan.

Y, si estás abatido, ojalá reflexiones un día como hizo Spurgeon: «A menudo me encuentro deprimido, quizás más que cualquier otra persona aquí. Y no hallo mejor cura para esa depresión que confiar en el Señor con todo mi corazón y reflexionar de nuevo en el poder de la sangre de Jesús, que habla de paz, y en su infinito amor al morir en la cruz para eliminar mis transgresiones».[1]

Por tanto, querido amigo, lee este libro con atención, reflexiona a fondo en el alimento espiritual que contiene y, sobre todo, fortalece tu corazón en la Palabra vivificadora de Dios y en el Salvador que transforma vidas, Jesucristo, quien se presenta en ella.

---

1   Charles Spurgeon, «El secreto de la felicidad», Metropolitan Tabernacle, Londres, Inglaterra, 2 de mayo de 1872.

1

La prueba de tu fe

RESUMEN:

La fe dada a los elegidos de Dios es dulce y llena de gozo. Trae luz a los ojos y esperanza al corazón. Sin embargo, el cristiano no debe esperar que las pruebas nunca lleguen a su vida. Por el contrario, debe saber que su fe será probada, de diversas maneras, para los propósitos de Dios.

CITAS DESTACADAS:

«Dondequiera que la fe se encuentre, es la marca segura de la elección eterna, la señal de una condición bienaventurada, el pronóstico de un destino celestial».

«Espera también la prueba, porque la prueba es el elemento mismo de la fe».

«La prueba de nuestra fe está enteramente en manos de Dios».

1

La prueba de tu fe

... sometida a prueba vuestra fe.

1 PEDRO 1:7

SERÍA MARAVILLOSO QUE cualquier persona pudiera hablarte sinceramente de «tu fe», porque dondequiera que esta se encuentre, es señal del favor divino. La verdadera fe es la actividad del Espíritu de Dios. Su naturaleza es purificadora, exaltadora y celestial. De todo lo que se puede cultivar en el seno humano, la fe es de lo más preciado. Se le llama «vuestra fe... preciosa» (1 P. 1:7), y se le denomina «la fe de los escogidos de Dios» (Tit. 1:1). Dondequiera que la fe se encuentre, es la marca segura de la elección eterna, la señal de una condición bienaventurada, el pronóstico de un destino celestial. La fe es el ojo del alma renovada, la mano de la mente regenerada, la boca del espíritu recién nacido. Constituye la evidencia de la vida espiritual, la fuente de la santidad, el fundamento del deleite, la profecía de gloria, el inicio del conocimiento infinito.

Si posees fe, tienes infinitamente más que aquel que posee todo el mundo, pero carece de fe. A los que creen se les dice: «todo es vuestro» (1 Co. 3:21). La fe es la seguridad de la filiación, la promesa de la herencia, la sujeción de una pertenencia ilimitada, la percepción de lo invisible. Dentro de tu fe yace la gloria, así como el roble duerme dentro de la bellota. Si posees fe, no necesitas pedir mucho más, sino que tu fe crezca de manera extraordinaria y que puedas conocer y captar todas las promesas que se te han hecho. Me faltaría tiempo para hablar de los poderes, los privilegios, las posesiones y las perspectivas de la fe.

> Dondequiera que la fe se encuentre, es la marca segura de la elección eterna, la señal de una condición bienaventurada, el pronóstico de un destino celestial.

Bienaventurado quien la posee, porque agrada a Dios; está justificado ante el trono de santidad, tiene acceso pleno al trono de la gracia y está preparado para reinar eternamente con Cristo.

Hasta aquí todo es placentero, pero entonces viene esta palabra, que en cierto modo sobresalta, y si somos cobardes, también podría asustarnos: «sometida a *prueba* vuestra fe». ¡Observa la espina que crece con esta rosa! No puedes recoger la flor fragante sin su áspera compañera. No puedes poseer fe sin experimentar la prueba. Estas dos cosas vienen juntas: la fe y la prueba; y es de esa prueba de tu fe de lo que voy a hablar en este momento. Puede ser, hermano mío, que las palabras expresadas en esta buena hora te consuelen mientras atraviesas la prueba más dolorosa de tu fe. ¡Que el Espíritu Santo, quien nutre, preserva y perfecciona la fe que está bajo la prueba, ayude a nuestros pensamientos en esta hora!

TU FE SERÁ PROBADA

Puedes estar seguro de eso. Una persona puede tener fe y al momento no experimentar pruebas, pero nadie ha tenido fe y ha pasado toda su vida sin pasar por pruebas. Eso no puede ser, ni debe ser; porque en su misma naturaleza, la fe implica cierto grado de prueba. Creo en la promesa de Dios. Hasta ahora, mi fe se prueba al creer la promesa, al esperar el cumplimiento de la promesa, al aferrarme a la seguridad de esa promesa (aunque tarde en cumplirse) y al seguir esperando la promesa y actuar en consecuencia hasta verla cumplida.

No veo cómo puede existir una fe que no sea probada mediante su propio ejercicio. Revisa las vidas más felices y sosegadas; debe haber la prueba de fe al tomar la promesa y suplicarla ante Dios en oración y esperar su cumplimiento. Dios no nos dio fe para jugar con ella. Es una espada, pero no fue creada para exposición, sino para cortar, herir y matar; y quien la posee puede esperar, entre aquí y el cielo, que sabrá lo que significa una batalla. La fe es un sólido buque de alta mar que no estaba destinado a permanecer en el puerto y podrirse.

El regalo mismo de la fe es para ti un indicio de que la querrás, de que en ciertos momentos y lugares la requerirás de manera especial, y de que, en todos los sentidos, la necesitarás realmente. No puedes vivir sin fe, pues una y otra vez se nos dice que «el justo por la fe vivirá» (Ro. 1:17; Gá. 3:11). Creer es nuestra vida y, por tanto, necesitamos siempre la fe. Y si Dios te concede gran fe, debes esperar grandes pruebas, porque en la medida que tu fe crezca, tendrás que hacer más y soportar más. Las pequeñas embarcaciones pueden permanecer cerca de la orilla, pero si Dios te forma como una gran embarcación, quiere que sepas lo que son las grandes olas. Tal Dios no ha hecho nada en vano, y esto es especialmente cierto en el reino espiritual; y, si Él crea fe, es con el propósito de que la usemos al máximo y la ejercitemos plenamente.

Espera también la prueba, porque la prueba es el elemento

mismo de la fe, y la fe es un diamante que se abre paso en medio de la roca. La fe sin pruebas es como un diamante sin cortes, cuyo brillo nunca se ha visto. La fe no probada es tan pequeña que algunos han llegado a creer que no tienen nada de fe. Al igual que un pez sin agua o un ave sin aire, así sería la fe sin pruebas. Si tienes fe, puedes esperar que sea probada: el gran Guardián de los tesoros no admite en sus arcas monedas que no sean probadas. Así ocurre tanto con la naturaleza de la fe como con el orden de su existencia: no prospera, salvo en un clima que pareciera amenazarla de muerte.

En realidad, la honra de la fe está en ser probada. ¿Dirá alguien: «Tengo fe, pero nunca he tenido que creer en medio de dificultades»? ¿Quién sabe si tienes algo de fe? ¿Dirá una persona: «Tengo gran fe en Dios, pero solo he tenido que usarla en los asuntos comunes de la vida, en los que sin duda alguna habría podido salir adelante con o sin ella»? ¿Es esta la honra y alabanza de tu fe? ¿Crees que tal clase de fe le traerá gran gloria a Dios o te brindará grandes recompensas? Si crees así, estás muy equivocado.

> Espera también la prueba, porque la prueba es el elemento mismo de la fe.

Si Abraham se hubiera quedado en Ur de los caldeos para descansar y disfrutar con sus amigos, ¿dónde habría estado su fe? Recibió el mandato de Dios de salir de su nación para ir a una tierra que nunca había visto, morar con Dios allí, como un extraño, y habitar en tiendas; y en su obediencia a ese llamado, su fe comenzó a ser ilustre. ¿Dónde habría estado la gloria de la fe de Abraham si no hubiera sido llamado a realizar valientes y abnegadas acciones? ¿Se habría elevado alguna vez a esa altura suprema, a ser «el padre de la fe», si no hubiera envejecido y, estando su cuerpo muerto, creyó que Dios le daría descendencia de su anciana esposa Sara, según la promesa? Fue una bendita fe la que lo hizo sentir que nada era imposible para Dios. Si Isaac le hubiera nacido a Abraham en los días de sus fuerzas, ¿dónde habría estado su fe? Y cuando llegó la prueba más severa de sacrificar a Isaac, entonces su fe fue confesada, encomiada y coronada. Entonces el Señor dijo: «ya conozco» (Gn. 22:12), como si, incluso para Dios, la mejor evidencia de la fe de Abraham se hubiera manifestado al no titubear por incredulidad a la promesa, considerando que Dios podía resucitar de entre los muertos a Isaac si fuera necesario. Abraham era consciente de que le correspondía obedecer el mandato supremo y confiar todas las consecuencias a Dios, quien no podía mentir. En esto, su fe ganó gran renombre, y él se convirtió en «el padre de la fe», porque fue el más probado de los creyentes y, sin embargo, superó a todos en fe como la de un niño en su Dios.

Recordemos también dos razones para la prueba de la fe. La prueba de tu fe es enviada para probar la sinceridad de esa fe. Si no se somete a prueba, ¿de qué sirve? El oro que se derrite en el horno no es el oro con el que estará conforme el comerciante; y, respecto a esa fe tuya, que tan pronto como se prueba se evapora, ¿no estaría bien deshacerte de ella? ¿De qué te serviría a la hora de la muerte y en el día del juicio? No, no puedes estar seguro de que tu fe sea verdadera a menos que sea una fe probada.

La fe también debe ser probada para demostrar su fortaleza. A veces creemos que tenemos una fe fuerte cuando, en realidad, es muy débil; y ¿cómo vamos a saber si es débil o fuerte, a menos que sea probada? Un hombre que permanece en cama, semana tras semana, y que tal vez se le meta en la cabeza la vaga idea de que es muy fuerte, sin duda estaría muy equivocado. Solo cuando se dedique a un trabajo que requiera fuerza muscular descubrirá lo fuerte o débil que es. Dios no quiere que tengamos una evaluación errada de nosotros mismos. No quiere que nos jactemos de ser ricos y con abundantes posesiones, sin necesidad de nada, cuando somos todo lo contrario; por tanto, nos envía la prueba para que nuestra fe pueda comprender lo fuerte o débil que es.

Además de eso, querido amigo, la prueba de nuestra fe es necesaria para eliminarle la escoria. Hay muchas acumulaciones de material impuro sobre nuestras bendiciones más puras. Nosotros mismos somos propensos a acrecentar nuestras bendiciones sin aumentar el valor real de ellas. Confundimos cantidad con calidad, y mucho de lo que creemos tener de experiencia cristiana, conocimiento, celo y paciencia es solamente la suposición de que tenemos tales bendiciones y no su posesión real. Entonces, el fuego se vuelve más feroz, y la masa más pequeña de lo que era antes. ¿Hay alguna pérdida en eso? Creo que no. El oro no pierde nada mediante la eliminación de la escoria, y nuestra fe no pierde nada al desvanecerse su fuerza aparente. Al parecer, la fe podría perder, pero en realidad gana. Podría parecer que disminuye, pero realmente no es así. Todo lo que valía la pena está allí. Ahora puedes saber con seguridad cuánto era sólido y cuánto era falso, pues si lo que te ha fallado fuera una fe real, no lo habría consumido ninguna prueba que hubiera experimentado. Has perdido la espuma de la parte superior de la copa, pero todo lo que realmente valía la pena aún sigue allí.

Entiende entonces que, para muchos propósitos indispensables, se necesita la prueba. Pedro afirma que «es necesario» que haya una prueba de tu fe. Tendrás esa prueba porque Dios, en su sabiduría, le dará a esa fe lo que necesita. No tengas ansiedad de entrar a la prueba. No te preocupes si la tentación no viene ahora mismo. La tendrás muy pronto. No debes inquietarte si, por un tiempo, estás tranquilo, porque quedan suficientes meses del año para que el invierno tenga su medida completa de heladas y tormentas.

TU FE SERÁ PROBADA CONSTANTEMENTE

La prueba de nuestra fe no viene a todas las personas de la misma forma. Hay aquellos cuya fe es probada cada día en su comunión con Dios. Entonces hacen esta oración: «Examíname, oh Dios, y conoce mi corazón; pruébame y conoce mis pensamientos; y ve si hay en mí camino de perversidad, y guíame en el camino eterno» (Salmos 139:23-24). Esa oración se oye de modo constante; a esas personas se les concede las visitas del Señor, y cuando Él viene, las prueba; pues, créeme, no existe prueba más segura para nuestras almas que la cercanía de Dios a nuestras almas. Si te alejas de Dios puedes retener en tu corazón mucha falsedad y fantasear que tienes plenitud de dádivas y bendiciones espirituales, pero si te acercas a Dios no podrás retener una opinión falsa de ti mismo.

Recuerda lo que el Señor es. Nuestro Dios es fuego consumidor. Cuando su pueblo vive en Él, la misma presencia divina consume en ellos su amor por el pecado y todas sus presuntuosas habilidades y logros ficticios, de modo que lo falso se desvanece y únicamente sobrevive lo verdadero. La presencia de la santidad perfecta elimina la jactancia vacía y la pretensión hueca. No necesitas pedir ninguna de esas diversas formas de prueba que Dios envía en el orden de la providencia: puedes estar muy satisfecho con la presencia divina. Es el Señor mismo el que será como un fuego purificador y como jabón para quienes se sienten satisfechos de sí mismos. ¿Quién podrá soportar el día de su venida? ¿Quién que ame la santidad desearía escapar de ella?

¡Ay! Que la llama devoradora me atraviese, y me atraviese una vez más, hasta que esta inmundicia terrenal empiece a desaparecer. Así como Moisés se quitó pronto el calzado de sus pies al ver a Dios en la zarza ardiente, así nos despojaremos de lo superfluo de nuestra supuesta experiencia espiritual y llegaremos a los pies reales y desnudos de la verdad, si se nos permite estar delante de Dios en sinceridad aceptada. Entonces veremos que hay una prueba constante de nuestra fe, incluso en lo que es su mayor gozo y gloria, concretamente, su poder para hacernos ver al Señor.

Sin embargo, el Señor utiliza otros métodos con sus siervos. Creo que, con frecuencia, nos pone a prueba con las bendiciones que nos envía. Cuando a alguien se le permite enriquecerse, ¡qué prueba de fe se esconde en tal condición! ¡Se trata de una de las pruebas providenciales más severas! Donde he conocido el fracaso de un individuo por la pobreza, he conocido el fracaso de cincuenta más por las riquezas. Cuando nuestros amigos tengan un prolongado período de prosperidad deberían invitar a sus hermanos a que ofrezcan una oración especial por ellos, para que puedan ser preservados. Si no nos aferramos a la riqueza, esta no nos hará daño; pero hay mucha trampa en el dinero.

Tú que no tienes riquezas aún puedes encontrar una prueba en tus misericordias diarias: tu comodidad hogareña, esa esposa amorosa y esos amados hijos, que pueden tentarte a caminar por vista y no por fe. Sí, la salud continua, la ausencia de toda depresión de espíritu, y la constante permanencia de amigos y parientes, podrían hacer que te sientas satisfecho de ti mismo y te alejes de tu Dios. Es una gran prueba de fe tener mucho en qué descansar la vista. Estar en tinieblas, en total oscuridad, es algo grandioso para la fe, porque entonces estás seguro de que lo que ves no lo ves en la carne, sino que es, en realidad, una visión de fe espiritual. Estar bajo una nube es realmente una prueba, pero no representa ni la mitad de una prueba como es tener continuamente la luz de este mundo. Somos tan propensos a confundir la luz de la comodidad carnal con la luz de Dios, que es bueno ver cómo nos las arreglamos sin ella.

Una forma de esta prueba son los elogios recibidos. Ya sabes cómo lo expresa Salomón: «Con el fuego se descubre qué clase de metal tenemos; con los elogios se descubre qué clase de persona somos» (Pr. 27:21, TLA). Un ministro cristiano puede continuar predicando con mucho fervor y Dios le ayudará, aunque todo el mundo se le oponga. Pero la prueba del hombre llega cuando el mundo viene y le da palmaditas en la espalda, y el orgullo le susurra: «Eres un buen tipo; ¡qué gran hombre eres!». ¡Cuán pocos son los que pueden soportar la cálida atmósfera de la felicitación! Es peligrosamente relajante para el espíritu. Sí, nadie puede mantener el control delante de la felicitación, a menos que la gracia todopoderosa de Dios le sustente la fe. Cuando los suaves vientos soplan, traen consigo la tentación: «¡Predica ahora las doctrinas que hacen cosquillas a los oídos humanos!». Y a menos que digas: «¡Quítate de delante de mí, Satanás!… no pones la mira en las cosas de Dios» (Mt. 16:23), tal prueba de fe podría ser demasiado para ti.

Debido a tus logros naturales y la amabilidad de tu temperamento, puedes convertirte en un gran predilecto de personas impías, y esa es una prueba intensa para la fe de un hijo de Dios. La amistad del mundo es tan enemiga de Dios hoy día como lo era en tiempos apostólicos. Es una mala señal cuando un cortesano goza del favor de los enemigos del rey. Levántate y sobresale como siervo de Dios y, en cualquier esfera que te muevas, haz que tu única responsabilidad sea servir a tu Dios, ya sea que ofendas o agrades a las personas. ¡Feliz serás si sobrevives a la prueba de tu fe que esto implicará!

Otra prueba de fe muy común y peligrosa hoy día está representada por doctrinas herejes y falsas enseñanzas. A unos se los lleva un viento de doctrina, y a otros se los lleva el otro, y bienaventurado es aquel que no resulta ofendido en Cristo; porque, naturalmente, la cruz de Cristo es ofensiva para la mente de los hombres. Hay tentaciones que surgen del evangelio, de su misma profundidad y amplitud. Hay una prueba de fe en la lectura de las Escrituras. Te encuentras con una doctrina que no puedes entender y, debido a que no la entiendes, te sientes tentado a no recibirla. O cuando una verdad que has recibido parece ser dura y te habla de manera desagradable, de modo que tus sentimientos naturales se despiertan contra ella, esta es una prueba para tu fe. Recuerda cómo nuestro Señor Jesús perdió en cierta ocasión bastante cantidad de discípulos. Había enseñado una doctrina acerca de comer su carne y beber su sangre y, desde ese momento, muchos se retiraron y no caminaron más con Él, hasta que el Salvador tuvo que decir, incluso a los doce: «¿Queréis acaso iros también vosotros?» (Jn. 6:67).

La verdad no siempre es bienvenida a nuestra ignorancia o a nuestros prejuicios, y aquí hay una prueba de fe. ¿Creeremos en nosotros mismos o en nuestro Dios? ¿Queremos creer la verdad de Dios o deseamos que su mensaje se adapte a nuestro gusto? ¿Esperamos que el predicador toque nuestras melodías preferidas y declare nuestras opiniones? Amado, a veces nos hace bien que nos hablen en tono áspero, que un mensaje nos llegue no como un vino dulce, sino como un medicamento depurativo. Si caminamos de conformidad con la verdad de Dios, somos veraces, pero cuando vamos en contra de la verdad de Dios, nosotros mismos somos falsos. No es el Libro el que debe ser alterado, sino nuestros corazones.

Además, la prueba de nuestra fe suele venir en forma de aflicción. Nuestro celoso Amante usa pruebas para ver si es el poseedor de nuestro corazón. La prueba de tu fe viene así. Declaras: «Señor Jesús, te amo. Eres a quien más amo». El Amante celestial responde: «Bien, si es así, entonces el niño que anida en tu seno enfermará y morirá. ¿Qué dirás entonces?». Si es realmente cierto lo que has declarado en cuanto a tu amor supremo por Jesús, abandonarás lo que amas por el llamado de Jesús. El Señor es muy celoso de nuestro amor. No quiero decir que sea así con todas las personas; me refiero a su propio pueblo. Cuanto más nos ama, más nos pone a prueba. Pase lo que pase con nosotros, pobres criaturas, siempre es así con Jesús: su amor va de la mano de su celo, y su celo va con su amor.

A veces, mi Señor viene a mí en esta forma. Me expresa: «Te he hecho confiar en mí durante todos estos años. He suplido las necesidades de tu obra por medio de amigos generosos. Estoy a punto de quitarte uno de ellos». Acudo a la tumba de mi amigo y la insinuación me persigue: «¿Quién va a proveer para el orfanato y la universidad, después que otros queridos amigos sean sepultados? ¿Podrás entonces confiar en Dios?». ¡Bendito sea el nombre del Señor! Esta prueba de fuego ni siquiera me ha dejado olor a humo; sé en quién he creído. Si caminas alguna vez por la senda de la fe, el Señor te tratará a menudo de esta manera para ver si estás a la altura de tu propia confesión… si realmente confías en el Señor.

Si todos los apoyos terrenales fueran derribados, ¿podrías mantenerte de pie únicamente con la fuerza de tus cimientos? Puede que Dios no te envíe tal o cual prueba, pero te enviará una cantidad suficiente de prueba que te hará ver si tu fe es verdadera o es simple habladuría, si has entrado realmente al mundo espiritual o solo has soñado con hacerlo. Créeme, existe una gran diferencia entre un diamante y una joya de bisutería, y esta última no engaña al Señor.

TU FE SERÁ PROBADA INDIVIDUALMENTE

No es muy agradable estudiar a solas la prueba de tu fe. Es una tarea dura cuando se convierte en tu prueba, y en la prueba de tu fe. Tal vez no hayas profundizado mucho en ese aspecto en particular. Pues bien, repito, ese no es mi deseo. No pidas pruebas. Los niños no deben pedir que los azoten, ni los santos oran para ser probados. Hay un librito que deberás comer, y será amargo en tu boca pero dulce en tus entrañas: la prueba de tu fe. El Señor Jesucristo se ha glorificado por la prueba de la fe de su pueblo. Él debe ser glorificado por la prueba de tu fe.

Querido hermano, tal vez no seas muy conocido. Querida hermana, tal vez tengas pocos talentos. Sin embargo, hay una condición y forma particular de prueba que tendrá que ser ejercida sobre ti más que sobre otra persona. Si lo sabes, no puedes quejarte al respecto; porque, cuando experimentas tu propia prueba, y la prueba de tu propia fe, simplemente se te está tratando como al resto de la familia: «¿Qué hijo es aquel a quien el padre no disciplina?» (He. 12:7). Simplemente se te está tratando como a la cabeza de la familia. Tan solo se te trata en la forma en que el gran Padre de familia sabe que es necesario para todos nosotros.

Dios tuvo un Hijo sin pecado, pero no tuvo un hijo sin prueba, y no lo tendrá hasta que nos haya sacado a todos de este mundo a casa. ¿Por qué deberíamos esperar que Dios nos trate mejor que al resto de sus elegidos? En realidad, esto no sería lo mejor, después de todo, porque estas pruebas son el medio para obrar nuestro bien duradero. Pero, si no fuera así, ¿quién soy yo, y quién eres tú, para que Dios deba consentirnos? ¿Querríamos que Él nos colocara en una urna de cristal y nos protegiera de los sufrimientos que son comunes a toda la simiente elegida? Yo no pido esa parte. Déjame pasar por lo que los santos pasan. La prueba de nuestra fe será toda nuestra y, sin embargo, será en comunión con toda la familia de la gracia.

TU FE SERÁ PROBADA EXHAUSTIVAMENTE

No será juego de niños someterse a las pruebas divinas. Nuestra fe no se limita a un simple tintineo sobre el mostrador como el dinero del que el comerciante sospecha, sino que es tratada con fuego; porque así está escrito: «Te he probado en el crisol de la aflicción» (Is. 48:10, NBLA). Los golpes del látigo de la tribulación no se nos dan por diversión, sino en terrible seriedad, como algunos que hemos sido severamente castigados, casi hasta la muerte. El Señor prueba la misma vida de nuestra fe; no solo su belleza y su fuerza, sino su misma existencia. El hierro penetra en el alma; la aguda medicina escudriña en lo más recóndito del vientre; el verdadero ser del hombre se ve obligado a soportar la prueba. Es fácil hablar de ser probados, pero no es tan simple el asunto de soportar la aflicción.

> El camino de una fe más fuerte suele ser la senda áspera del dolor. Solo cuando la fe es cuestionada será confirmada.

TU FE SERÁ PROBADA CON UN PROPÓSITO ÚTIL

Al ser probada, tu fe aumentará, se desarrollará, se profundizará y se fortalecerá. Tú has declarado: «Oh, me gustaría tener más fe». Tu oración será escuchada por medio de sufrir más pruebas. A menudo, en nuestras oraciones hemos buscado una fe más fuerte para mirar dentro de lo oculto. Pero el camino de una fe más fuerte suele ser la senda áspera del dolor. Solo cuando la fe es cuestionada será confirmada.

No sé si mi experiencia es la de todo el pueblo de Dios, pero el bien que he recibido de mis sufrimientos, dolores y penas es totalmente incalculable. ¿Qué no le debo al martillo y al yunque, al fuego y a la lima? ¿Qué no le debo al crisol y al horno, al fuelle que ha soplado las brasas y a la mano que me ha empujado al calor? La aflicción es el mejor libro en la biblioteca de un ministro. Podemos regocijarnos sabiamente en la tribulación porque produce paciencia, y la paciencia experiencia, y la experiencia esperanza; y de esta manera resultamos muy enriquecidos y nuestra fe se fortalece.

> **La aflicción es el mejor libro en la biblioteca de un ministro.**

La prueba de nuestra fe es útil, no solo porque la fortalece, sino porque nos lleva a descubrir nuestra fe en nosotros mismos. Cuando la aflicción entre en el alma, y trastorne y destruya nuestra paz, ensanchemos nuestra gratitud. La fe sale de su escondite, y el amor salta de su lugar secreto. A menudo, en los días de nuestra prosperidad no logramos encontrar nuestra fe; pero, cuando nuestra adversidad viene, el invierno de nuestra prueba desnuda las ramas y vemos nuestra fe de inmediato. Ahora estamos seguros de que creemos, porque sentimos el efecto de la fe en nuestro carácter. Es entonces una gran misericordia que nuestra fe sea probada, que podamos estar seguros, más allá de toda duda, de que somos verdaderos creyentes.

Esta prueba de nuestra fe les hace bien a nuestros compañeros cristianos, quienes aprenden a soportar con valentía sus problemas al ver cómo recibimos apoyo. No conozco nada mejor para hacernos esforzados que ver a otros creer en Cristo y soportar valientemente. Ver tan feliz a ese ciego santo hace que nos dé vergüenza estar tristes. Ver alegría en un preso de un reformatorio nos obliga a ser agradecidos. Quienes sufren son nuestros tutores; nos educan para el cielo. Cuando los hombres de Dios sufren, cuando soportan la pobreza, el duelo o la enfermedad y, sin embargo, se regocijan en Dios, aprendemos el camino para llevar una vida más exaltada y cristiana.

Mientras quemaban en la hoguera a Patrick Hamilton en Escocia, alguien dijo a quienes lo torturaban: «Si van a seguir quemando a más personas, es mejor hacerlo en un sótano, porque el humo de la quema de Hamilton ha abierto los ojos de centenares». Siempre ha sido así. Los santos que sufren son semilla de vida. Que Dios nos ayude a tener tal fe que, cuando lleguemos a sufrir en vida o a expirar en muerte, ¡podamos glorificar a Dios a fin de que otros puedan creer en Él! Que, por medio de nuestra fe, prediquemos sermones que sean mejores que los que contienen palabras.

ALGUNOS SON ESPECIALMENTE PROBADOS

Hay quienes soportan más pruebas que otros, y eso se debe a que Dios les hace un gran favor. A muchos hombres Dios no los ama tanto como para azotarlos. Son hijos del diablo, y el Padre celestial no los molesta. No le pertenecen al Señor, por eso les permite llevar una vida alegre, y tal vez tener una muerte cómoda. Pero debemos compadecerlos, no envidiarlos. ¡Ay de los que ahora ríen, porque llorarán! ¡Ay de los que en esta vida obtienen su porcentaje, porque les irá mal en el mundo venidero! Los hijos de Dios a menudo son castigados porque son muy amados. Los hombres se preocupan más por lo que más valoran. A una piedra común se la deja en paz, pero a un diamante se le debe lijar en el torno hasta que su brillo aparezca.

Algunas personas también son muy probadas en su fe porque se adaptan muy bien a la prueba. Dios ha preparado la espalda para una carga pesada, y la carga se enviará. Él ha constituido estas cargas con el propósito de que sean útiles para cumplir en ellos «lo que falta de las aflicciones de Cristo por su cuerpo, que es la iglesia» (Col. 1:24). La gente construye fuertes columnas porque están destinadas a cargar grandes pesos. Así que Dios hace grandes cristianos a fin de que soporten grandes aflicciones para la gloria del Señor. También hace esto porque desea que algunas personas le presten un servicio especial. ¡Qué honor es prestarle al Señor un servicio especial! Si tú eres valiente para soportar la aflicción, tendrás el honor de soportar más aflicción. ¿No busca acaso todo soldado la oportunidad de servir? El que observa a sus soldados dice de uno de ellos: «No enviaré a este, pues es débil y miedoso; aquel veterano es el hombre que busco». No creas que serías honrado si se te permitiera ir al cielo sobre un lecho de plumas. El verdadero honor consiste en que se nos permita soportar y sufrir junto a Él el sudor de la sangre y las cinco heridas abiertas. Este es el galardón de los santos: que en la tierra estén adornados con «mucho dolor, muchas lágrimas». Caminarán con su Señor vestidos de blanco, porque son dignos.

Sí, querido amigo, a menudo el Señor nos envía mayores aflicciones que a otros porque quiere prepararnos para disfrutar más. Si quieres hacer un estanque capaz de contener más agua, lo excavas, ¿no es así? Y muchos hombres han sido excavados y ensanchados por la aflicción. Los ensanchamientos de las pruebas nos permiten albergar más gracia y más gloria. Cuanto más sufra un buen hombre, más se vuelve capaz de entrar en comunión con los sufrimientos de Cristo, y así entrar en comunión con Él en su gloria futura.

Ven, consolémonos en cuanto a la prueba de nuestra fe. No hay dolor en ello. Todo es para bien. La prueba de nuestra fe está enteramente en manos de Dios. Nadie puede probarnos sin permiso de

Dios. Él nos probará tanto como debamos ser probados, y no más. Aunque nos prueba con una mano, con la otra nos sostiene. Si nos da hiel, nos dará algo dulce en su debida proporción.

Algunos de nosotros hemos clamado: «Devuélveme a mi enfermedad. Llévame de nuevo a la calumnia y el reproche». Nuestros peores días son a menudo nuestros mejores días, y en las tinieblas vemos estrellas que no vemos en la luz. Así que nos importará un comino lo que pueda ocurrirnos aquí, siempre y cuando Dios esté con nosotros y nuestra fe en Él sea auténtica. Hermano cristiano, no te voy a compadecer, pero te felicito por tus tribulaciones, porque la cruz de Cristo es preciosa.

> La prueba de nuestra fe está enteramente en manos de Dios.

No obstante, ustedes, que no aman a mi Señor y Maestro, si acumulan riquezas, si sus ojos sobresalen por la gordura, los compadezco. Bueyes engordados para el matadero, sus alegrías no son más que el preludio de sus aflicciones. ¡Oh, que Dios tenga misericordia de ustedes, y que ustedes tengan misericordia de sí mismos y acudan de inmediato a Jesús y pongan en Él su confianza! La fe en la obra, los oficios y la persona del Señor Jesús es el camino de la salvación. Que Él nos ayude a recorrerlo en este momento, ¡por amor de su Nombre! Amén.

Gozo total en medio de todas las pruebas

RESUMEN:

La realidad de la vida cristiana es que cada cristiano padecerá tentaciones y pruebas. No en todo momento experimentaremos individualmente tales sufrimientos, pero en todo momento habrá cristianos que sí los padecerán. Por tanto, al ser probados debemos recordar que es nuestra fe la que está siendo probada. Este es el principal foco de ataque de nuestro enemigo. Sin embargo, el cristiano no pasa por pruebas innecesariamente; estas demuestran nuestra fe, nos hacen aferrarnos a Dios, y nos llevan de nuevo al trono de la gracia para que podamos ser hallados completos, sin que nos falte nada.

CITAS DESTACADAS:

«Nuestro fin principal es glorificar a Dios y, si nuestras pruebas nos permiten responder más plena al objetivo de nuestro ser, es algo bueno que nos sucedan».

«Es bueno para todo cristiano aprender y practicar dos palabritas: orar y permanecer».

«No debemos probarnos a nosotros mismos, ni desear las pruebas de otras personas; será bueno que soportemos aquellas que el Señor nos designe, porque serán sabiamente escogidas».

2

Gozo total en medio de todas las pruebas

Hermanos míos, tened por sumo gozo cuando os halléis en diversas pruebas, sabiendo que la prueba de vuestra fe produce paciencia. Mas tenga la paciencia su obra completa, para que seáis perfectos y cabales, sin que os falte cosa alguna.

SANTIAGO 1:2-4

SANTIAGO LLAMA «HERMANOS míos» a los convertidos entre las doce tribus. El cristianismo tiene gran poder de unión, pues descubre y crea relaciones entre personas. Nos recuerda los lazos de la naturaleza y nos enlaza con los vínculos de la gracia. Todo aquel que ha nacido del Espíritu de Dios pertenece a la familia de todos los demás nacidos del mismo Espíritu. Bien podemos ser llamados hermanos, porque somos redimidos por una sangre; somos partícipes de la misma vida; nos alimentamos de la misma comida celestial; estamos unidos a la misma cabeza viva; buscamos los mismos fines; amamos al mismo Padre. Somos herederos de las mismas promesas y habitaremos juntos para siempre en el mismo cielo. Que continúe el amor fraternal; amémonos fervientemente unos a otros con un corazón puro y manifestemos ese amor no solo en palabras, sino en hechos y en verdad. Cualquier hermandad puede ser una farsa, pero es mi oración que la hermandad de creyentes sea lo más real debajo de las estrellas.

Al comenzar con esta palabra, «hermanos», Santiago muestra una verdadera simpatía fraternal con los creyentes en sus pruebas, y esta es una parte primordial de la comunión cristiana. Si en este momento nosotros mismos no somos tentados, otros lo son. Recordémoslos en nuestras oraciones, porque a su debido tiempo llegará nuestro turno, y seremos puestos en el crisol. Así como desearíamos recibir simpatía y ayuda en nuestra hora de necesidad, ofrezcámosla libremente a aquellos que ahora están soportando pruebas. Acordémonos de los que están en cadenas como si estuviéramos encadenados con ellos, y de los que padecen aflicción como estando nosotros también en el cuerpo. Al recordar las pruebas de sus hermanos, Santiago trata de animarlos y por eso declara: «Hermanos míos, tened por sumo gozo cuando os halléis en diversas pruebas». Es parte de nuestro supremo llamado levantarnos a nosotros mismos en confianza; y también es nuestro deber velar porque ninguno de nuestros hermanos se desanime, mucho menos que se desespere.

Toda la tendencia de nuestra fe santa es elevar y animar. La gracia no engendra tristeza, excepto la más sana que viene con arrepentimiento salvador y conduce al gozo del perdón. La gracia no viene para hacer miserables a las personas, sino para enjugarles toda lágrima en los ojos. Nuestro sueño no es de demonios que descienden por una lúgubre escalinata al infierno, sino de ángeles que ascienden y descienden por una escalera, cuya cima conduce al resplandeciente trono de Dios.

El mensaje del evangelio es de gozo y alegría, y si se entendiera y recibiera universalmente, este mundo ya no sería un desierto, sino que se regocijaría y florecería como el rosal. Que la gracia reine en todos los corazones y que esta tierra se convierta en un templo lleno de cánticos perpetuos. Incluso, las pruebas de la vida se convertirían en causas del más exaltado deleite, tan hermosamente descrito por Santiago como «sumo gozo», como si contuviera toda la satisfacción posible. Bendito sea Dios, nuestra labor no es reprender sino alegrar a toda la hermandad. Podemos hablar con los afligidos y pedirles que sean pacientes bajo la mano castigadora de Dios; sí, que tengas sumo gozo cuando caigas en varias pruebas, porque ellas te producirán tal señal, tal bien duradero. Podrías contentarte al sembrar con lágrimas, ya que estás seguro de cosechar con alegría.

Sin más preámbulos, vamos de inmediato al texto y observemos que, al hablar de la prueba, el apóstol señala primero el punto fundamental, que es asediado por la tentación; concretamente, nuestra fe. Nuestra fe es el blanco al que se disparan todas las flechas; el horno se enciende para la prueba de nuestra fe. Observemos, en segundo lugar, la invaluable bendición que se obtiene de esta manera, o sea la prueba de nuestra fe, descubrir si esta fe es correcta o no. Esta prueba de nuestra fe es una bendición de la que no puedo hablar demasiado. Luego, en tercer lugar, no podemos pasar por alto la inestimable virtud que se produce por este proceso de probar, a saber, la paciencia; porque la prueba de la fe produce paciencia, la cual es el mayor enriquecimiento del alma. Por último, en relación con esa paciencia observaremos la plenitud espiritual que se produce de este modo: «Que seáis perfectos y cabales, sin que os falte cosa alguna».

EL PUNTO FUNDAMENTAL QUE ES ATACADO

Es nuestra fe la que es probada. Se supone que tenemos esa fe, la cual es peculiarmente detestable para Satanás y el mundo. Si no tuviéramos fe, ellos no serían nuestros enemigos. Pero la fe es la marca de los escogidos de Dios y, por tanto, sus enemigos se convierten en enemigos de todos los fieles. El Señor mismo ha puesto enemistad entre la serpiente y la mujer, entre la simiente de la serpiente y la de la mujer; y esa enemistad debe manifestarse. La serpiente muerde el calcañar de la verdadera simiente, por lo que las burlas, las persecuciones, las tentaciones y, sin duda, las pruebas asedian el sendero de la fe. La mano de la fe está contra toda maldad, y toda maldad está contra la fe. Este don es esa gracia bendita que más agrada a Dios, y, en consecuencia, es lo que más desagrada al diablo. Por la fe, Dios se glorifica en gran manera y, por ello, la fe irrita en gran manera a Satanás. Este se ensaña con la fe, porque ve en ella su propia derrota y la victoria de la gracia.

> Nuestro fin principal es glorificar a Dios y, si nuestras pruebas nos permiten responder de manera más plena al objetivo de nuestro ser, es algo bueno que nos sucedan.

Puesto que la prueba de nuestra fe le brinda honor al Señor, Él mismo se asegura de probarla, para que de esa prueba pueda salir la alabanza a su gracia por la que la fe se sustenta. Nuestro fin principal es glorificar a Dios y, si nuestras pruebas nos permiten responder de manera más plena al objetivo de nuestro ser, es algo bueno que nos sucedan.

Es por nuestra fe que somos salvos, justificados y acercados a Dios y, por tanto, no es de extrañar que sea atacada. Es por creer en Cristo que somos liberados del poder reinante del pecado y que recibimos la potestad para convertirnos en hijos de Dios. La fe es tan vital para la salvación como el corazón lo es para el cuerpo; de ahí que los dardos del enemigo estén principalmente dirigidos a esta gracia esencial. La fe es la abanderada, y el objetivo del enemigo es derribarla para ganar la batalla. Si los fundamentos se eliminan, ¿qué pueden hacer los justos? Sin duda alguna, todos los poderes de las tinieblas que se oponen a lo correcto y a la verdad lucharán contra nuestra fe, y múltiples tentaciones marcharán en legiones contra nuestra confianza en Dios.

Es por nuestra fe que vivimos; comenzamos a vivir por ella y seguimos viviendo por ella, porque «el justo por la fe vivirá» (Ro. 1:17). Una vez que la fe desaparece, nuestra vida se acaba; y por eso las potestades que luchan contra nosotros ejercen su principal ataque a este castillo real, esta llave de la posición total. La fe es nuestra joya, nuestro gozo y nuestra gloria, y todos los ladrones que acechan en el camino de los peregrinos están aliados para arrebatárnosla. Por tanto, aferrémonos a este tesoro de los escogidos.

También es por fe que los cristianos realizamos hazañas. Si los hombres de antaño realizaron proezas audaces y heroicas, fue por fe. Despoja a un cristiano de su fe, y será como Sansón cuando le cortaron el cabello. No te extrañe que la fuerza de la corriente golpee tu fe con toda su fuerza, porque la fe es la base de tu hogar espiritual. Ojalá que tu fe permanezca firme e inamovible en medio de todas las pruebas actuales, y así pueda ser hallada auténtica en la hora de la muerte y en el día del juicio. Pobre el individuo cuya fe le falla en esta tierra de paz, porque, ¿qué hará en las aguas crecidas del Jordán?

Pensemos ahora en cómo se prueba la fe. Según el texto, se nos dice que nos llegan «diversas pruebas»; es decir, que podemos esperar muchos problemas de muchas clases diferentes. En todo caso, estas pruebas serán muy reales. Las doce tribus a las que se escribió esta epístola conformaban un pueblo especialmente probado porque, en primer lugar, como judíos eran muy perseguidos por todas las demás naciones, y los que se volvían cristianos también eran cruelmente perseguidos por su propio pueblo. Un gentil convertido corría menos peligro que un judío cristiano, porque este último se hallaba aplastado entre las muelas superiores e inferiores del paganismo y el judaísmo. El israelita cristiano era generalmente tan perseguido por sus propios familiares y amigos que debía huir de ellos, y ¿a dónde podía ir, pues todos los demás pueblos aborrecían a los judíos?

Nosotros no estamos en tal situación, pero el pueblo de Dios, incluso, hasta el día de hoy descubrirá que *prueba* no es una expresión impostora. La vara en la casa de Dios no es algo con el que jugar. Créeme, el horno no es un simple lugar donde hay calor extra. Nuestras tentaciones no son invenciones del nerviosismo ni fantasmas producidos por el miedo. Has oído hablar de la paciencia de Job: la suya era auténtica paciencia, porque sus aflicciones fueron verdaderas.

Sí, y nota también que las pruebas de los cristianos son tales que en sí mismas nos llevarían a pecar. La tendencia natural de la dificultad no es santificar, sino inducir al pecado. Un individuo es muy propenso a volverse incrédulo bajo la aflicción: eso es pecado. Es propenso a murmurar contra Dios bajo tal aflicción: eso es pecado. Es propenso a alargar la mano hacia alguna mala manera de escapar de su dificultad, y eso sería pecado. De ahí que se nos enseñe a orar: «No nos metas en tentación» (Mt. 6:13), porque la prueba tiene en sí una medida de tentación y, si no fuera neutralizada por la gracia abundante, nos llevaría a pecar.

Supongo que cada prueba debe tener en sí misma una medida de tentación. «Dios no puede ser tentado por el mal, ni él tienta a nadie» (Stg. 1:13); pero esto debe entenderse como el fin y diseño del Señor. Él no incita a nadie a cometer ningún mal, pero prueba la sinceridad y la fidelidad de los seres humanos colocándolos donde el pecado se les interponga en el camino y haga lo mejor o peor por atraparlos. Este es el diseño divino y, de este modo, se prueba la rectitud de sus siervos, tanto para sí mismos como para los demás. No se nos saca de este mundo de tentación, sino que se nos mantiene en él para nuestro bien. ¿No le hablo aquí a alguien que a veces siente fuertes impulsos hacia el mal, especialmente en la hora siniestra en que el espíritu de la maldad anda por ahí? ¿No nos hemos puesto a temblar por nosotros mismos en temporadas de dura prueba? ¿Hay virtud alguna que la intemperie no haya curtido? ¿Hay algún amor que a veces no haya sido tan probado que amenace con convertirse en odio? ¿Hubo alguna vez una flor de gracia que se desarrollara en este espantoso clima sin ser probada por la escarcha o la plaga? De igual manera, no solo pruebas, sino también lóbregas tentaciones asaltan la fe del cristiano.

En cuanto a la forma que toman la prueba o la tentación, podemos decir que a cada ser humano le llegan de manera diferente a los demás. Dios puso a prueba a Abraham pidiéndole que tomara a su hijo, su único hijo, y lo ofreciera en sacrificio sobre un monte. A nadie más se le ha probado de esta manera, y nadie más será probado así. Podemos pasar por la prueba de perder un hijo, pero ciertamente no por la prueba de recibir la orden de ofrecerlo en sacrificio.

En el caso del joven rico en los Evangelios, nuestro Señor Jesús lo probó de este modo: «Si quieres ser perfecto, anda, vende lo que tienes, y dalo a los pobres, y tendrás tesoro en el cielo» (Mt. 19:21). Algunos han fantaseado con que, por tanto, el deber de cada persona es desprenderse de sus posesiones, pero esto no es lo que dice el texto. No debe ser obligación de ningún hombre ofrecer a su único hijo; tampoco es deber de toda persona deshacerse de todos sus bienes.

No debemos probarnos a nosotros mismos, ni desear las pruebas de otras personas; será bueno que soportemos aquellas que el Señor nos designe, porque serán sabiamente escogidas. Aquello que me pondría a prueba con mayor severidad tal vez no represente ninguna prueba para ti; y lo que es prueba para ti quizás no constituya ninguna tentación para mí. Esta es una de las razones por las que juzgamos a menudo a otros con mucha severidad, porque al sentirnos fuertes en un punto en particular, argumentamos que el caído también debió haber sido fuerte en ese punto; por tanto, debe haber decidido voluntariamente hacer lo incorrecto. Esta podría ser una cruel suposición. Concluimos con demasiada rapidez que la tentación debió haber sido tan débil en el caso de esa persona como habría sido en el nuestro. Esta es una gran equivocación, porque una tentación que para ti o para mí no sería ninguna tentación, para otro individuo podría ser un ataque muy feroz y terrible del adversario, ante el cual el hombre cae lamentablemente pero no con premeditación.

Además, querido amigo, en ocasiones estas «diversas pruebas» adquieren gran fuerza del entorno aparente y nos cortan el paso. Santiago declara: «cuando os halléis en diversas pruebas», como quienes caen en un pozo y no saben cómo salir de él. La persona tentada no ve en qué dirección seguir; parece estar acorralada, como un ave que queda atrapada en la trampa del cazador. Esto convierte en calamidad nuestras múltiples tentaciones, las cuales obstruyen nuestro camino y, a menos que la fe encuentre la pista, deambulamos por un laberinto espinoso.

A veces, la tentación nos sobreviene de repente, y así caemos en ella. Cuando estábamos descansando, de pronto llega el mal, como un león saltando desde la espesura.

Cuando los hijos de Job comían y bebían en la casa del hermano mayor, de pronto llegó un viento del desierto y el patriarca quedó desconsolado. Los bueyes estaban arando, las ovejas pastando, los camellos en sus labores y, en un instante, con fuego que cayó del cielo y por manos de ladrones, todas esas posesiones desaparecieron. Un mensajero no había terminado de contar su historia antes que otro le siguiera los talones. Job no tuvo tiempo para respirar; los golpes cayeron fuertes y veloces. La prueba de nuestra fe es más severa cuando

> No debemos probarnos a nosotros mismos, ni desear las pruebas de otras personas; será bueno que soportemos aquellas que el Señor nos designe, porque serán sabiamente escogidas.

diversas pruebas nos ocurren sin que las busquemos. ¿No es extraño, a la luz de estas cosas, que Santiago expresara: «tened por sumo gozo cuando os halléis en diversas pruebas»?

En aquellos días había tumultos, encarcelamiento, crucifixión, espada y fuego. En el anfiteatro devoraban a miles de cristianos. El clamor general era: «¡Los cristianos a los leones!». Podríamos preguntarnos si, a veces, a los más valientes se les habría hecho cuestionar: «¿Es nuestra fe realmente verdadera? ¿Puede ser divina esta fe que es aborrecida por toda la humanidad? ¿Ha venido de

Dios? ¿Por qué entonces Él no se interpone y libera a su pueblo? ¿Apostataremos? ¿Negaremos a Cristo y viviremos, o perseveraremos con nuestra confesión a través de innumerables tormentos, incluso hasta una muerte sangrienta? ¿Responderá la fidelidad después de todo? ¿Existe una corona de gloria? ¿Hay una eternidad de dicha? ¿Existe, en realidad, una resurrección de los muertos?». Sin duda alguna, estas y más preguntas surgieron en las mentes de las personas, y estaban bastante entrelazadas. La fe de los mártires no era tomada con pasividad o prestada de sus padres; ellos creyeron por sí mismos con toda seriedad. Los hombres y las mujeres en aquellos días creían de tal manera que nunca se estremecieron ni se sobresaltaron por temor a la muerte; en realidad, se apresuraron a confesar su fe en Jesús en tales aglomeraciones que los paganos concluyeron: «Debe haber algo bueno allí: esta debe ser una religión de Dios, o ¿cómo podría esta gente soportar sus tribulaciones con tanto gozo?». Esta era la fe de los elegidos de Dios, la obra del Espíritu Santo.

LA BENDICIÓN OBTENIDA POR LA PRUEBA DE NUESTRA FE

La bendición obtenida es esta: que nuestra fe es probada y comprobada. La prueba eficaz es mediante los sufrimientos enviados por Dios. La manera de probar si eres un buen soldado es que participes en la batalla. La forma de probar si un barco está bien construido es arrojarlo al mar: una tormenta será el mejor examen de su firmeza. Necesitamos las pruebas como un examen tanto como necesitamos que la verdad divina sea nuestro alimento.

Admira los antiguos símbolos colocados en el arca del pacto de antaño. Dos objetos se colocaron juntos: la urna del maná y la vara de Aarón (He. 9:4). Mira cómo el alimento celestial y el gobierno celestial van juntos, ¡cómo se proveen igualmente nuestro sustento y nuestro castigo! Un cristiano no puede vivir sin el maná y sin la vara. Lo uno y lo otro deben ir juntos. Me refiero a que es una gran misericordia que nuestra salvación sea probada como lo es que se nos sustenten las consolaciones del Espíritu de Dios. Las tribulaciones santificadas obran la prueba de nuestra fe, y esta es más preciosa que el oro.

Ahora bien, cuando podemos soportar la prueba sin hacernos a un lado, esta demuestra nuestra sinceridad. Al salir de un problema, el cristiano suele decirse: «Sí, mantuve mi integridad, no la abandoné. Bendito sea Dios, no tuve miedo a las amenazas; no me aplastaron las pérdidas; permanecí fiel a Dios bajo la presión. Ahora estoy seguro de que mi religión no es una simple profesión, sino una consagración real a Dios. Ha soportado el fuego al ser conservada por el poder de Dios».

Esto también demuestra la veracidad de nuestra creencia doctrinal. Si has estado enfermo y has hallado consuelo en estas doctrinas, entonces estás seguro de su verdad. Si has estado al borde de la muerte y el evangelio te ha dado gozo y satisfacción, entonces sabes cuán cierto es. El conocimiento mejor y más seguro es el que se vive. Si has visto a otros pasar triunfalmente por la muerte misma, te habrás dicho: «Esta es evidencia para mí. Lo he visto personalmente». ¿No es esta una seguridad módica comprada a cualquier precio? ¿No podemos contar con toda la alegría cuando el Señor nos pone en el camino de obtenerla? Me parece que la duda es peor que la prueba. Preferiría sufrir cualquier aflicción antes que cuestionar el evangelio o mi propio interés en él. Ciertamente es una joya que vale la pena comprar incluso con la sangre de nuestro corazón.

Además, tu propia fe en Dios es probada cuando, al estar bajo tentación, te aferras a Él. No solo tu sinceridad, sino la divinidad de tu fe es probada, porque ¿cómo puedes depender en una fe que nunca ha sido probada? Pero si en la hora más lúgubre aún has expresado: «Confío mi carga en el Señor, y Él me sustentará», y descubres que Él te sustenta, entonces tu fe es la de los escogidos de Dios. Si en medio de la tentación clamas a Dios en oración para que mantenga tu vestimenta sin mancha y Él te ayuda a hacerlo, entonces también estás seguro de que la tuya es la fe que el Espíritu engendra en el alma.

Encuentro especialmente bueno ver manifestada la gran fortaleza del Señor en medio de mi propia debilidad. En la prueba descubrimos dónde somos más débiles y, justo entonces, en respuesta a la oración, se nos da la fortaleza que responde a la necesidad. El Señor adapta la ayuda al obstáculo y coloca la venda sobre la herida. En el mismo instante que se necesita, se concede la gracia necesaria. ¿No tiende esto a engendrar la seguridad de la fe?

Es maravilloso poder demostrar incluso a Satanás la pureza de tus motivaciones. Esa fue la gran ganancia de Job. No había duda de su conducta externa, pero la incertidumbre estaba en su motivación. Pues bien, él es probado y se le quita todo, y cuando clama: «Aunque él me matare, en él esperaré» (Job 13:15), cuando Job bendice tanto al Dios que quita como al que da, entonces el mismo diablo no pudo tener la desfachatez de volver a acusarlo. En cuanto a la propia conciencia de Job, esta sería totalmente resuelta y confirmada en lo referente a su amor puro hacia Dios. Mis hermanos, considero que soportar todo sufrimiento y toda prueba imaginable sería un precio muy pequeño por una seguridad asentada. No importa que las olas los arrastren sobre esta roca. Por tanto, cuando sean tentados, «considérense muy dichosos» (Stg. 1:2, NVI) que sean probados, porque así recibirán una prueba de su amor, una prueba de su fe, una prueba de que son verdaderos hijos de Dios.

Santiago afirma: «Considérense», la misma palabra para «calcular», que es lo que hace un contador. Se requiere un buen entrenamiento para convertirse en un buen contador; es un arte que debe aprenderse. ¡Qué líos tendríamos algunos de nosotros si tuviéramos que liquidar cuentas y controlar egresos e ingresos sin la ayuda de un asistente! ¡Cómo nos enredaríamos con los saldos y déficits! Sería mucho más fácil gastar el dinero que contabilizarlo. Pero una vez que una persona conoce la ciencia de la contabilidad, llega rápidamente a la verdadera situación de las cosas. Ha aprendido a calcular y no se le escapa ningún error.

Santiago nos presenta una guía completa y nos enseña a calcular nuestras dificultades. Pone delante de nosotros un tipo diferente de medida de la que utilizaría la razón carnal: así como el siclo del santuario era muy diferente al siclo del comercio común y corriente, así también el cálculo de la fe es muy distinto al del juicio humano. Santiago nos pide que agarremos un lápiz y nos sentemos rápidamente a escribir el dictado correcto que nos hace. Estaríamos prestos a escribir: «Diversas tentaciones». Eso estaría muy mal, por lo cual nos pide que pongamos la prueba de nuestra fe, y este activo único transforma la transacción en una ganancia sustancial. Las pruebas son como el fuego; no queman en nosotros más que la escoria y purifican más que el oro. En lugar de lamentarte, ten por sumo gozo cuando te encuentres en diversas pruebas, porque esto te otorga una prueba de tu fe.

LA VALIOSÍSIMA VIRTUD
PRODUCIDA POR LA PRUEBA

La prueba «de vuestra fe produce paciencia». ¡Paciencia! Todos creemos tener grandes reservas de paciencia… hasta que la necesitamos y descubrimos que no tenemos nada. El individuo que realmente tiene paciencia es el que ha sido probado. ¿Qué clase de paciencia se obtiene por la gracia de Dios? La primera que obtenemos es una paciencia que acepta la prueba sin murmurar como si viniera de Dios. Una resignación apacible no llega de golpe; a menudo se necesitan largos años de sufrimiento físico, depresión mental, desilusión en los negocios o múltiples fallecimientos para que el alma se someta plenamente a la voluntad del Señor. Poco a poco aprendemos a poner fin a nuestras disputas con Dios y desear que su voluntad sea la nuestra. Hermano, si tus problemas llevan a eso, eres un ganador y puedes considerarlos como sumo gozo.

El siguiente tipo de paciencia es cuando la experiencia le permite a una persona soportar sin resentimiento maltratos, calumnias e injurias. Siente intensamente todo esto, pero lo soporta con mansedumbre. Al igual que su Maestro, no abre la boca para responder y se niega a devolver mal por mal. Por el contrario, bendice en lugar de maldecir; como el sándalo que perfuma el hacha que lo corta. Amigo, si la gracia de Dios por medio de la prueba produce en ti paciencia apacible que no se enoja ni deja de amar, es posible que hayas perdido un poco de comodidad, pero has ganado un sólido peso de carácter.

La paciencia que Dios produce en nosotros por medio de la tribulación también toma otra forma, concretamente, la de actuar sin prisas excesivas. Antes que la sabiduría haya equilibrado nuestro celo, estamos ansiosos por servir a Dios a toda prisa, como si tuviéramos que hacer todo en un instante o no lograríamos nada. Después de haber recibido entrenamiento en la escuela de la prueba, nos dedicamos al servicio sagrado con algo más de preparación de corazón. Con firmeza y resolución, nos ponemos a trabajar para Jesús, sabiendo que somos pobres criaturas y que servimos a un

GOZO TOTAL EN MEDIO DE TODAS LAS PRUEBAS

glorioso Maestro. El Señor nuestro Dios no tiene prisa, porque es fuerte y sabio. En la medida que crezcamos como Jesús, desecharemos los trastornos mentales y la furia del espíritu. La obra de vida de Jesús fue grandiosa, pero Él nunca pareció estar confundido, agitado, preocupado o apurado. No discutió ni gritó, ni hizo que su voz se escuchara en las calles. Él sabía que su hora aún no había llegado, que había tantos días en los que podía actuar y, por tanto, siguió firmemente hasta completar la obra que su Padre le había encomendado. Esa clase de paciencia es una joya más deseable que la gema que resplandece en la frente imperial.

> Es bueno para todo cristiano aprender y practicar dos palabritas: orar y permanecer.

También es una gran clase de paciencia cuando podemos esperar sin incredulidad. Es bueno para todo cristiano aprender y practicar dos palabritas: orar y permanecer. Esperar en el Señor implica tanto orar como permanecer. ¿Y si el mundo no se convirtiera este año? ¿Qué tal que el Señor Jesús no viniera mañana? ¿Y si nuestras tribulaciones se alargaran? ¿Qué pasaría si el conflicto se prolongara? Aquel que ha sido probado y que ha obtenido por gracia el verdadero beneficio de sus pruebas, espera tranquila y alegremente la salvación de Dios. ¡Paciencia, hermano! ¿Escasea en ti esta exaltada virtud? El Espíritu Santo te la otorgará por medio del sufrimiento.

Hermano o hermana, si aprendemos la persistencia, habremos alcanzado un nivel elevado. Observa al marinero curtido por la intemperie, al hombre que está cómodo en el mar: tiene el rostro bronceado y la piel color caoba; parece tan duro como el corazón del roble y tan resistente como si fuera de hierro. ¡Qué diferente de nosotros, pobres marineros de tierra! ¿Cómo se acostumbró tal individuo a las dificultades, a ser tan capaz de soportar las tormentas? Enfrentándose a la furia destructora de las aguas. No podría haberse convertido en un marinero fuerte si se hubiera quedado en la playa. Ahora bien, la prueba produce en los santos esa dureza espiritual que no se puede aprender en medio de comodidad.

Puedes ir eternamente a la escuela, pero allí no puedes aprender entereza. La fe fuerte y la paciencia esforzada proceden de los problemas, y unos cuantos hombres en la iglesia que han sido preparados así son valiosos en tiempos de tempestad. Alcanzar esa condición de firme entereza y sagrada temeridad vale todo el costo de todas las dificultades acumuladas que siempre nos vienen de arriba o de abajo. El Señor nos dé más de esta gracia selecta.

LA INTEGRIDAD ESPIRITUAL PROMOVIDA

Por último, todo esto obra algo mejor aún: «Para que seáis perfectos y cabales, sin que os falte cosa alguna». Hermano, lo más valioso que alguien puede obtener en este mundo es lo que más tiene que ver con su verdadero yo. Una persona consigue una buena casa; eso es algo. Pero supongamos que no tiene buena salud, ¿de qué le sirve su hermosa mansión? Un individuo está bien vestido y bien alimentado; eso es algo. Pero supongamos que tiembla de fiebre y no tiene apetito debido a la indigestión. Eso lo estropea todo. Si una persona goza de buena salud, esta es una bendición mucho más valiosa. La salud es mucho más valiosa que las riquezas, el honor o la educación; todos admitimos eso. Pero supongamos entonces que el ser interior de un individuo está enfermo mientras su cuerpo se encuentra sano, de modo que se ve humillado por el vicio o enfebrecido por la pasión. Lo principal es aquello que hará del ser humano alguien mejor, que lo hará justo, veraz, puro y santo.

Cuando el individuo mismo es mejor, ha obtenido una ganancia incuestionable. Por tanto, si nuestras aflicciones tienden a engendrar paciencia cuando nuestra fe es probada, y esa paciencia tiende a hacernos personas perfectas en Cristo Jesús, entonces podemos alegrarnos de las pruebas. Por la gracia de Dios, las aflicciones nos hacen personas íntegras y desarrollan en nosotros todas las facultades espirituales; por tanto, estas tribulaciones son nuestras amigas, nuestros ayudantes, y deberíamos recibirlas con «sumo gozo». Cuando son bendecidas por Dios para hacernos pacientes, nuestras pruebas nos hacen madurar. No sé cómo explicar lo que quiero decir con madurar, pero en los creyentes que han soportado gran cantidad de aflicciones se puede apreciar una especie de dulzura que no se encuentra en otras personas. Esa dulzura no se puede falsificar ni imitar. Se necesita cierto grado de luz solar para que los frutos adquieran su verdadero sabor y, cuando un fruto ha sentido su medida de sol ardiente, desarrolla una exquisitez en que todos nos deleitamos. Lo mismo ocurre en hombres y mujeres: parece necesario cierto grado de problemas que produzcan en ellos una dulzura de gracia, a fin de que puedan contener el jugo rico y maduro de un carácter lleno de misericordia.

Querido hermano cristiano, hay cierta plenitud de madurez espiritual que nunca llega a nosotros sino mediante variadas tentaciones. Permíteme tratar de mostrarte lo que quiero decir. Las pruebas santificadas producen un espíritu disciplinado. Algunos de nosotros somos por naturaleza ásperos y poco amables; pero después de un tiempo, los amigos notan que la aspereza va desapareciendo y se alegran de ser tratados con mayor amabilidad. ¡Ah, esa cámara de dolor realizó el pulido! Bajo la gracia de Dios, esa depresión de espíritu, esa pérdida, esa cruz, ese luto, suavizaron la aspereza natural e hicieron al hombre manso y humilde, como su Señor.

Los benditos problemas presentan una gran tendencia a engendrar simpatía, y esta es para la iglesia lo que el aceite, para los engranajes. Alguien que nunca ha sufrido se siente muy incómodo cuando intenta simpatizar con un hijo probado de Dios. Con amabilidad hace lo mejor que puede, pero no sabe cómo ponerse a trabajar al respecto; sin embargo, esos repetidos golpes de vara hacen que nos compadezcamos de otros que sufren.

> La aflicción es la piedra que nuestro Señor Jesús lanza a la frente de nuestro gigantesco orgullo, y la paciencia es la espada que le corta la cabeza.

¿Has notado cómo los hombres probados también se vuelven prudentes y humildes cuando su problema se ha santificado por completo? No pueden hablar tan rápido como solían hacerlo. No hablan de ser perfectos, aunque bíblicamente esos mismos individuos son perfectos. Hablan poco de sus propias acciones y mucho de la tierna misericordia del Señor. Recuerdan los azotes de manos de su Padre que recibieron detrás de la puerta y se expresan con bondad hacia otros descarriados. La aflicción es la piedra que nuestro Señor Jesús lanza a la frente de nuestro gigantesco orgullo, y la paciencia es la espada que le corta la cabeza.

Estas son también las personas más agradecidas. He sabido lo que es alabar a Dios por la capacidad de mover una pierna en la cama. Esto tal vez no te parezca gran cosa, pero para mí fue una gran bendición. Quienes se encuentran sumamente afligidos llegan a bendecir a Dios por todo. Las personas atribuladas llegan a ser muy agradecidas, y eso no es algo banal. Por regla general, cuando la gracia de Dios obra, se forman hombres esperanzados. Cuando otros piensan que la tormenta destruirá la nave, hay quienes pueden recordar tempestades igualmente feroces que no la destruyeron, por lo que ahora están tan tranquilos que su valentía impide que otros se desesperen. Estas personas también se vuelven nada materialistas. Los muy tentados son, con frecuencia, los seres más espirituales y, de esta espiritualidad, surge la utilidad. El señor Gran Corazón, quien dirigió al grupo de peregrinos a la Ciudad Celestial, era un hombre muy probado, o no habría sido apto para llevar a tantos a su descanso celestial; y tú, querido hermano, si alguna vez vas a ser líder y ayudante, debe ser por tales medios como ese que estarás preparado para la misión. ¿No deseas que se desarrollen en ti todas las virtudes? ¿No deseas convertirte en alguien perfecto en Cristo Jesús? Si es así, recibe de buena gana todas las variadas pruebas y tentaciones; vuela hacia Dios con ellas; bendícelo por haberlas enviado. Pídele que te ayude a soportarlas con paciencia, y luego deja que esa paciencia haga su obra perfecta, y así, por el Espíritu de Dios llegarás a ser perfecto y cabal, sin que te falte cosa alguna.

3

La crisis actual

RESUMEN:

En las crisis y las pruebas, en la nación y como creyentes, podemos estar seguros de que Dios no desechará a su pueblo, pues ha decretado que no lo hará. Sin embargo, eso no significa que el Señor retendrá la disciplina a sus hijos. Cuando Dios se retira, es para que nos volvamos a Él en arrepentimiento. Estar fuera de la comunión con el Creador es fatigoso para el creyente, de ahí que debamos arrepentirnos y acercarnos a Dios.

CITAS DESTACADAS:

«Anhela reconciliarte con Dios. Añora estar en paz con el gran Dios que hizo los cielos y la tierra».

«Cuando estas separaciones de Dios se sienten dolorosas, debemos comenzar más ansiosamente a buscar con mayor ahínco el pecado que las ha causado, porque el pecado está en el fondo de todo ello».

«Es bueno arrepentirnos al instante y buscar pronto el rostro de nuestro Padre celestial».

3

La crisis actual

Andaré y volveré a mi lugar, hasta que
reconozcan su pecado y busquen mi
rostro. En su angustia me buscarán.

OSEAS 5:15

EL SEÑOR NO siempre nos dice lo que va a hacer. Él nos ha dicho que la «gloria de Dios es encubrir un asunto» (Pr. 25:2), y nuestro Señor Jesús declaró: «No os toca a vosotros saber los tiempos o las sazones, que el Padre puso en su sola potestad» (Hch. 1:7). Cuando Él nos hace conocer lo que está a punto de hacer, no es para satisfacer nuestra curiosidad, sino para orientar nuestra conducta.

En este caso, el Señor habla en voz alta de sus intenciones. Él se había cansado de castigar a su pueblo y, por tanto, estaba a punto de separarse de ellos y dejarlos solos. Dios manifiesta: «Andaré y volveré a mi lugar», como si su tiempo de espera hubiera terminado, y ya no fuera a permanecer en medio de ellos a fin de que ya no lo provocaran con su obstinación. Esta separación ocasionaría que no aceptara las oraciones y ofrendas que le hicieran. Les dice esto para que se sientan impulsados a implorarle que permanezca con ellos; o para que, si ya se ha ido, mediante confesión sincera de su pecado y búsqueda inmediata del rostro del Señor, puedan convencerlo una vez más de que los visite en su gracia. Si Dios está a punto de irse, entonces todo se va; incluso la esperanza misma se aleja. La partida divina es la peor de las calamidades y, por tanto, es correcto que quienes están amenazados con tal juicio pongan sus pensamientos en orden, consideren sus caminos y usen los mejores medios para retener al Señor o traerlo de vuelta antes que se haya cerrado la puerta entre Él y ellos. Debe haber un deseo ardiente de traer de vuelta al Rey para que una vez más el corazón pueda asolearse a la luz del favor divino. Querido amigo, te escribo en esta ocasión con el deseo más ansioso de ser práctico, anhelando y orando en mi corazón que, dondequiera que el pecado haya comenzado una separación entre nosotros y Dios, sintamos el impulso de reconocer nuestros agravios y buscar su rostro; y que, donde tal separación haya existido por mucho tiempo, brote un anhelo intenso con toda el alma de volvernos de nuestro destierro y acercarnos a Dios.

PROBLEMAS NACIONALES ACTUALES

Deseo exponer estas cosas como ante Dios con toda sinceridad y simplicidad. Sé que es imposible tocar tal tema sin que se sospeche de parcialidad política; sin embargo, realmente puedo declarar que deseo ser libre de toda esa parcialidad, a fin de no hablar como un partidario, sino como el siervo del Dios vivo. Con calma y solemnidad quiero expresar palabras de sobriedad, verdad y justicia. Es una carga para mi corazón proferir un duro mensaje a mi amado país y, si parece que lo haga, no es por perversidad, sino a causa de una presión sobre mi conciencia que no me deja callar.

Sin duda nadie negará que nuestra nación [Inglaterra] está atravesando una época de grandes y penosas adversidades. Hemos estado perplejos durante muchos meses, e incluso años, con rumores perpetuos de guerras. Por mucho tiempo ningún ciudadano fue a descansar por la noche sin que el diario matutino le informara que nuestra nación le había declarado la guerra por lo menos a una de las grandes potencias de Europa. Es maravilloso que nos hayamos librado de enredarnos en una guerra prolongada y seria, pues muchas veces las llamas de la contienda han amenazado con una conflagración general. Esta inquietud ha sido en sí un grave perjuicio para la prosperidad de nuestro país, porque el comercio y la industria hacen prósperas travesías por las aguas de la paz. Pero incluso antes que esas aguas se vean perturbadas por las tormentas de la auténtica guerra, mientras la sola amenaza de hostilidad agita la superficie, el comercio y la industria avanzan poco o retroceden. El comercio es tímido como una paloma y se agita con cada revuelo o susurro de problema venidero. Las agitaciones políticas apuñalan de mil maneras el núcleo de la prosperidad nacional.

Además, nos hemos involucrado realmente en dos guerras como mínimo, que son ciertamente costosas y de dudosa conveniencia. En estos dos conflictos nos fue imposible ganar honra, ya que fueron casos de poderosos agrediendo a débiles. Los laureles obtenidos de naciones muy inferiores a la nuestra no habrían sido dignas de ocupar un lugar en la faz de una nación valiente. Hemos invadido un país y luego otro sin mejor justificación que la ley de la fuerza superior o la sospecha de un peligro futuro. Nuestros actos de agresión deben pagarse no solo con la sangre de nuestros soldados, sino con los nervios y el sudor de nuestros trabajadores. Los resultados de la producción, que debieron haber servido para apoyar las artes y promover la comodidad y el progreso de la humanidad, se han desperdiciado en derrochadoras hazañas bélicas. La comida que debió alimentar a nuestros hijos ha sido arrojada a la boca del león, para ser devorada por la guerra para que su espíritu diabólico sea aún más voraz. Nos hemos inmiscuido en muchas cosas y hemos amenazado con nuestras flotas o nuestros ejércitos por lo menos a tres de las grandes regiones del globo. Estas guerras, cualquiera que sea su resultado, representan graves calamidades.

A raíz de toda esta guerra, el comercio se ha deprimido. En todas partes se oyen quejas, y no sin causa. Los esforzados comerciantes se preguntan si podrán «proveer cosas honestas a la vista de toda la humanidad». Mucha gente planifica y trabaja ahora, pero su cuidado y esfuerzo no reciben más que una escasa recompensa. Todo el comercio se encuentra adormecido y, en parte, está muerto. La tierra gime y los corazones de las personas se hunden por el miedo. Esta es una época de oscuridad y pesimismo, un tiempo de nubarrones y espesas tinieblas.

Como si todo esto no fuera suficiente, los cielos se niegan a ayudar en los procesos de labranza. En su mayor parte, la cosecha de heno, tan necesario para el ganado, puede considerarse perdida, y ahora el gran peligro recae sobre el maíz. Parece seguro que la continuación de esta lluvia constante nos privará de los frutos más preciados de la tierra. Los agricultores comienzan a clamar amargamente, y se pide que, en todas las iglesias, se ofrezcan oraciones para que venga buen clima. Que Dios se complazca en mirar nuestra tierra y nos libre en esta hora de angustia, ¡pues, en realidad, es una época de pérdida y ruina para miles de personas! Si alguna vez se ha necesitado oración, sin duda es en este momento.

En el primer tema, el de una política bélica, por la bondad de Dios podemos hacer un cambio. Es posible que dentro de poco tiempo prevalezcan principios y que ya no se nos presente como una nación de gruñones y rezongones que se deleitan en la guerra. ¡Que Dios nos conceda esto pronto! Pero, en cuanto a los otros dos asuntos, ¿qué podemos hacer? Somos impotentes para acelerar el comercio; ciertamente somos incapaces de detener los cántaros de los cielos. Si Dios quiere, las nubes se acumularán de día en día y empaparán nuestros campos con su aguacero despiadado. Si el Señor así lo determina, un diluvio seguirá a otro hasta que el maíz se pudra en los campos. Por tanto, la oración es necesaria y podría ser buena. Pero, para algunos, la oración se busca como si fuera bastante seguro que, mediante la repetición de ciertas palabras, la lluvia debe necesariamente cesar y el clima se volverá favorable. No estoy tan seguro de esto. Que la oración se ofrezca por todos los medios, pero puede resultar eficaz solo bajo ciertas condiciones. Conozco muchas razones de por qué podría ser posible que nuestras oraciones tal vez no sean escuchadas, sino que en su lugar el juicio amenazado de Dios caiga sobre nosotros.

Deseo en esta oportunidad hablar de la oración a modo de advertencia, para que la gente no ponga una confianza imprudente en el formulismo de leer una forma de oración en las iglesias o en pronunciar oraciones ceremoniosas improvisadas en reuniones en casa. Pocas personas creen más profundamente que yo en el poder de la oración verdadera, y de muchas maneras importantes y plenas he probado y demostrado que no puedo tener dudas en cuanto a su eficacia. Pero aun así debemos usar nuestro entendimiento, no sea que seamos engañados y lleguemos a esperar lo que no recibiremos. Quisiera recordar el hecho de que, bajo ciertas circunstancias, Dios no contesta la oración. Nuestro texto declara: «Andaré y volveré a mi lugar, hasta que reconozcan su pecado y busquen mi rostro». Si este es el caso, no habrá respuesta a la oración a menos que manifestemos arrepentimiento.

En ocasiones, los cielos parecen de bronce, y los lamentos de quienes claman reverberan y regresan a sus propios oídos, no sin una bendición para sí mismos, pero no obstante sin ninguna respuesta visible en cuanto a las personas por quienes ofrecieron sus intercesiones. No es cualquier tipo de oración la que Dios escuchará, porque Él expresa por medio de su siervo Isaías: «Cuando extendáis vuestras manos, yo esconderé de vosotros mis ojos; asimismo cuando multipliquéis la oración, yo no oiré; llenas están de sangre vuestras manos» (Is. 1:15). A veces la intercesión es inútil, ya que Jeremías nos advierte: «Si Moisés y Samuel se pusieran delante de mí, no estaría mi voluntad con este pueblo; échalos de mi presencia, y salgan» (Jer. 15:1). Sin duda alguna, David oró fervientemente para poder escapar del castigo por su pecado cuando censó al pueblo, pero la oración no logró eliminar la condena. David podía elegir entre tres males, pero uno de estos era inevitable. Cuando Dios ha llegado a este punto con un pueblo, al cual debe castigar y castigará, la oración es el único recurso que les queda, pero incluso esta puede que no evite el golpe amenazado. Oro a Dios para que la lluvia cese, pero si esta debe continuar, no será porque el Señor no pueda ayudarnos o porque haya dejado de contestar las oraciones.

Recuerda también que Dios no solo puede retirarse en ira, sino que podría ser su decisión castigar a un pueblo con un diseño previsto para el bien de ellos. Quizás, como nación, hemos tenido demasiada prosperidad. La comodidad y la abundancia han engendrado soberbia y lujo, lo que pudo haber debilitado el espíritu del país. Tal vez se haya vuelto absolutamente necesario para esta nación favorecida, si ha de seguir siendo baluarte de libertad y fortaleza de la verdad del evangelio, volver a soportar aquellas ráfagas de adversidad del norte que en otro tiempo le fortalecieron el corazón. No sería la primera vez que nuestra tierra sufra por su bien.

Yo no le desearía ningún mal a mi país, pero si nuestros semejantes no recuerdan a Dios, sino en la adversidad, esta misma adversidad podría anhelarla el corazón más bondadoso. Si la religión verdadera va a ser enterrada por infidelidad jactanciosa, si se ha de permitir que un papismo bastardo ocupe nuestras iglesias nacionales, si la embriaguez va a seguir siendo algo desvergonzado y casi universal, si el lenguaje de la gente común ha de ser sucio y obsceno, si la exaltación de una secta favorecida por sobre sus semejantes cristianos va a continuar perpetuamente, si nuestra nación ha de seguir derramando la sangre de naciones más débiles y enviando sus ejércitos a tierras que no nos pertenecen, entonces no será nada extraño que el Señor decidiera castigar, y sería difícil para la persona justa encontrar un argumento con el cual suplicar piedad.

¿Podemos esperar perdón en otros términos? ¿Podemos siquiera solicitarlo? El veredicto del rigurosamente justo preferiría ser «Que caiga la vara» a «Que Dios se retire», si únicamente por medios severos se puede hacer que la nación abandone sus malas acciones. Dios declara en nuestro texto que no dará audiencia a su pueblo descarriado, sino que se retirará a su lugar secreto hasta que Inglaterra reconozca su pecado y busque el rostro del Señor. Podría ser así con nuestra nación en este momento y, si es así, necesitamos ser exhortados a algo más que a la oración pública. Se necesita un trabajo más completo y más difícil que el uso público de una forma devocional.

Sin embargo, alguien objeta: «Espero que tengamos oración nacional». Yo también lo espero, pero ¿habrá una confesión nacional respecto del pecado? De no ser así, ¿de qué puede servir la simple oración? ¿Habrá un deseo general de hacer lo que es justo y correcto? ¿Habrá una declaración de que la política de Inglaterra no es pisotear a los débiles o provocar una pelea para su propio engrandecimiento? ¿Habrá un desprecio por el principio de que los intereses británicos deben ser nuestra estrella guía en lugar de la justicia y el derecho? Los intereses personales no son excusa para hacer lo malo; si lo fueran, tendríamos que exonerar a los peores ladrones, porque estos no invadirán una casa a menos que sus intereses personales los inviten. Tal vez el ladrón de medianoche pueda aprender a alegar que solo cometió un robo por temor a que otro ladrón se llevara el botín e hiciera peor uso de este del que él haría. Cuando nuestros propios intereses son nuestra política, la nobleza ha sucumbido y el verdadero honor se ha marchado, pero temo que solo una minoría tenga esta opinión. ¿Se arrepentirá la nación de alguno de sus pecados? ¿Se asentará como hizo el pueblo de Jerusalén en medio de un torrencial aguacero en tiempos de Esdras y hará lo que es correcto ante los ojos de Dios? Si una severa reforma estuviera acompañada de súplica, estoy persuadido de que la oración prevalecería; pero mientras se glorifique al pecado, mis esperanzas encuentran poco terreno en el cual descansar.

No obstante, ¿habrá oración general? No, no la habrá. Hablo con tristeza, pero no digo más que la verdad. Hay muchos entre nosotros que afirman que la oración no sirve de nada con relación a los vientos y las nubes, porque ciertas leyes gobiernan el clima, y la oración no puede afectar tales leyes. Por tanto, estos individuos no orarán, y hay muchos otros de espíritu similar cuyo ateísmo es práctico, aunque no lo hayan declarado. ¿Cómo, entonces, puede la oración ser general cuando gran cantidad de personas no le hacen caso? Vuelve tu mirada hacia Nínive. Cuando Jonás amenazó a esa gran ciudad, que al arrepentirse se le retiró el juicio, ¿de qué carácter fue su humillación? Desde el rey en el trono hasta las bestias en el campo, todos se vistieron de silicio, ayunaron y clamaron a Dios, y por eso no nos maravillamos de que Él los haya oído. ¿Habrá tal clamor a Dios entre nosotros? Creo que no. Un silencio desafiante sellará millones de labios.

Sin embargo, ¿qué pasa con los que se supone que deben orar? ¿Son todos ellos de la talla de Elías, cuya oración ferviente podía abrir o cerrar las ventanas del cielo? No nos atrevemos a confiar mucho en las oraciones que se brindarán. ¿Serán ofrecidas en fe por una décima parte de quienes las repitan? Me gustaría poder esperar eso. Muchos considerarán la oración pública como absolutamente ridícula, y muchos más como pura formalidad. ¿Qué se debe hacer entonces? Se puede hacer mucho. Toda esperanza de un país reside en los verdaderos creyentes que lo habitan. Recuerda a Sodoma y cómo se habría salvado de haberse encontrado diez justos allí, y recuerda que tú también eres la sal de la tierra, por la cual ha de ser conservada. Aborrece el espíritu de aquellos que dicen que, porque somos ciudadanos del cielo, no tenemos nada que ver con los asuntos de las personas de abajo. No debemos participar de un sentimiento tan anticristiano y egoísta como este, ni revestirnos de mentes espirituales degradadas con estos pensamientos. Dondequiera que vivieran los judíos en la época de su dispersión se les ordenó cuidar el bien del pueblo en el cual moraban. Estas son las palabras que el Señor habló por medio de Jeremías: «Procurad la paz de la ciudad a la cual os hice transportar, y rogad por ella a Jehová; porque en su paz tendréis vosotros paz» (Jer. 29:7). Seguramente los cristianos no deben ser menos generosos que los judíos. No puedes eludir de ninguna manera tu responsabilidad, excepto limpiando la tierra por completo, y luego, si esta sufre por tu ausencia, aún serás encontrado culpable. Eres parte integral de la nación, porque participas de protección y privilegios y, como cristiano, te corresponde sentir que estás obligado a hacer todo lo que puedas en medio de ella para promover verdad y justicia.

¿Qué debemos hacer entonces? ¿Qué camino debemos seguir ahora? Hagamos confesión de pecados a favor del pueblo como en el pasado hicieron Moisés, Jeremías y Daniel. Hermano, puede que no consideres pecado lo que a mi juicio lo es; sin embargo, ves a tu alrededor bastante pecado de una clase u otra. Tómalo para ti mismo y, así como el sumo sacerdote entraba al Lugar Santo para suplicar por el pueblo, así actúa como un sacerdote delante de Dios en tus tranquilos devocionales personales. Confiesa el pecado de esta nación delante de Dios. Si esta no se arrepiente, arrepiéntete por ella. Párate como una especie de patrocinador consagrado delante de Dios y deja que el pecado repose en tu corazón hasta que caigas de bruces ante el Altísimo. Recuerda, los santos son intercesores por el pueblo ante Dios. Levántate en tu monte Carmelo (1 R. 18) y tú, que sabes clamar, ruega en voz alta que Dios envíe liberación. Y una vez que hayas orado por este pueblo y le hayas pedido perdón por sus pecados al Señor, y le hayas pedido también que quite la vara de castigo, entonces promueve con tu vida diaria tus preceptos y acciones, «todo lo que es verdadero, todo lo honesto, todo lo justo, todo lo puro, todo lo amable, todo lo que es de buen nombre; si hay virtud alguna, si algo digno de alabanza» (Fil. 4:8). Ama a Dios y a tus semejantes, e intenta promover todos los intereses que miren en esa dirección.

Creo que un país nunca podrá tener una bendición más grande, una verdadera salvaguarda para el presente o una seguridad más firme para su futura grandeza, que un grupo de hombres y mujeres de oración que hagan mención de su país ante el trono de Dios.

Así he declarado lo que agobiaba mi corazón; haz con esto lo que quieras; es la advertencia de un sincero amante de este país que teme al Señor y no teme a nadie más. Júzgame si he hablado con sesgo político o no, y censúrame como quieras. No podría decir menos, o con mucho gusto habría guardado silencio. Ante Dios estoy libre de cualquier pretensión que no sea la correcta. Quiera Dios que mi débil protesta llegue al corazón de aquellos que deben recibir la verdad proclamada. No soy muy optimista de que vaya a ser así, porque hemos caído en tiempos maléficos, y los corazones de las personas se han engrosado.

NUESTRAS PRUEBAS PERSONALES

Hermano o hermana, conversemos ahora entre nosotros acerca de los caminos de Dios con nuestras propias almas. El Señor no desechará a su pueblo; pese a sus faltas, son hijos suyos y lo serán para siempre. Pero cuando sus hijos pecan, Dios se asegura de castigarlos. Él deja en paz a sus enemigos por un tiempo, pero castiga a sus hijos. Los enemigos del Señor quedarán impunes hasta el final; pero en cuanto a sus amados, Él es sumamente celoso con ellos y los hará sufrir cuando pequen. ¿Ha castigado el Señor a alguno de nosotros últimamente? ¿Ha estado la polilla en nuestras fincas, o ha estado el león quitándonos la paz? Volvámonos ante la represión de Dios. Es bueno arrepentirnos al instante y buscar pronto el rostro de nuestro Padre celestial.

> Es bueno arrepentirnos al instante y buscar pronto el rostro de nuestro Padre celestial.

Observa a continuación que, cuando los castigos son en vano, lo que sigue es la retirada. El Señor ha prometido que no abandonará a su pueblo, ni lo hará por completo, pero hay separaciones que no están incluidas en esa promesa. Dios puede esconderse en tal manera de sus siervos que estos no tengan ninguna comunión consciente con Él, que no disfruten de la Palabra, ni tengan poder en la oración. Es más, podrían orar y que Él no les conteste sus oraciones. La vida que tendrían podría ser desabrida y apagada; el gozo y la paz podrían huir. Es posible que en momentos así intenten compensar la pérdida que sufren disfrutando del mundo. Están arruinados por tales vanidades vacías. La gracia los ha imposibilitado para hallar alimento del alma en el grano y el vino de la tierra. Ellos deberán tener a su Dios o morir. Déjame decirte de la manera más solemne que es muy triste cuando Dios se ha apartado de un espíritu creyente; y cuanto más santo haya sido el individuo, más tristemente se lamentará de estar ahora bajo una nube.

> Cuando estas separaciones de Dios se sienten dolorosas, debemos comenzar más ansiosamente a buscar con mayor ahínco el pecado que las ha causado, porque el pecado está en el fondo de todo ello.

Cuando estas separaciones de Dios se sienten dolorosas, debemos comenzar más ansiosamente a buscar con mayor ahínco el pecado que las ha causado, porque el pecado está en el fondo de todo ello. Creyente, si hay una disputa entre tu Amado y tú, ¿acaso no existe una causa? Nuestro Señor Jesús no es un amante caprichoso que abandona al alma desposada con Él simplemente para satisfacer un capricho. Todo lo contrario; Él no juega con nosotros, sino que trata nuestro amor como algo sagrado. Hay alguna causa grave cuando el Amado frunce el ceño.

Ahora viene una búsqueda exhaustiva, un barrido de la casa y una limpieza de todo lo que agravia. Permite que se emita una orden de registro a través del corazón, la conciencia y los labios, y si detectas algún pecado, sácalo a la luz para que sea juzgado. Ponlo a la luz del rostro de Dios y allí confiésalo y laméntalo. No ofrezcas disculpas, excusas ni explicaciones, sino confiesa con honestidad la maldad y abandónala. Saca los ídolos y deja que tu corazón vea las heridas que te han hecho, averigua de qué te has enamorado y cuáles son esas cosas que se han interpuesto entre tú y tu Dios. Sin duda te avergonzarás de esas cosas cuando consideres que amarlas es el precio por el cual te has separado de la presencia de tu Salvador. Las piezas de plata de Judas no fueron más despreciables que los pobres y miserables sobornos que has albergado. Lamenta la traición de tu corazón.

Pero amado, cuando hayas obtenido una conciencia del pecado o los pecados que te separan de Dios, y hayas hecho una confesión completa, entonces ocúpate en buscar al Señor con esperanza y confianza. Debes hacer eso porque, a pesar de todo, sigues siendo su hijo y no debes dar paso a una paralizante desesperación. Estás casado con Cristo, y con Él no hay ningún divorcio. El Señor no desechará para siempre ni repudiará a su cónyuge descarriado. Por tanto, acude a Él con humilde confianza. Cristo te ha desgarrado y te curará; te ha herido y te vendará. Busca su rostro, ya que su rostro mira hacia ti.

El rostro mismo de Dios es Jesucristo. El Hijo de Dios es Aquel en quien vemos al Padre. Así como a una persona la ves en su rostro, así Dios se ve en Cristo. Busca a Dios en Cristo Jesús, porque así te vendrá el bien. Él no te rechazará. No estás fuera del alcance de su amor; Jesús se volverá de nuevo y tendrá compasión de ti, porque se deleita en la misericordia. Si Él se aparta, es solamente para que suspires por Él y lo busques. Cristo está siempre muy cerca de nosotros, y todavía puede ser hallado. Oh, reincidente, Jesús espera ser bondadoso contigo; anhela restaurarte. Tan solo reconoce tus transgresiones y regresa a Él. Ten buen ánimo en cuanto a ser aceptado, porque Cristo no echa fuera a ninguno que acuda a Él. Pon fin a esas recaídas y no habrá más miseria. Que Dios te ayude a levantarte hoy mismo para caminar más cerca de Él, y que te mantenga a su lado para siempre.

Estar fuera de la comunión con Dios significa que el corazón se halla en un estado de enfermedad espiritual. Las cosas estarán mal por dentro cuando estamos mal con Dios. Cuando no caminamos en la luz, como Dios está en la luz, está presente algún mal en el ojo del alma. Teme al mal y clama por sanidad.

Estar alejado de Dios es hallarse en un estado de debilidad espiritual. Puede que Sansón se batiera como en otros tiempos, pero no pudo realizar obras de fortaleza cuando el Señor se alejó de él. Dios es nuestra fortaleza, y esconderse de Él nos vuelve débiles como el agua. Si el Señor nos deja, no podemos suplicarle y prevalecer, ni podemos rogar a las personas y ganarlas para Cristo. Cuando nuestra comunión con Dios se interrumpe, nuestras fuerzas se van, tanto hacia Dios como hacia el hombre. Nuestro corazón no puede saltar como un corzo joven sobre las montañas, sino que nuestro espíritu cojea como un animalito cuyos huesos están fracturados. Ni siquiera podemos mirar por las puertas de perlas para ver la gloria que el Espíritu revela, pues nuestra vista es débil y no podemos divisar de lejos cuando Jesús se ha apartado de nosotros.

Si te encuentras en esta condición, estás en verdaderos problemas; te invaden agobiantes preocupaciones, te llenas de ansiedades, te subyuga el temperamento. Satanás acusa, y la conciencia se estremece. Tu espíritu es como el de un hombre carnal y eres propenso a pronunciar imprudencias con tus labios y dejarte mover fácilmente por cualquier influencia externa. Peor aún, cuando una persona está fuera de la comunión con Dios se halla en peligro de cometer pecados de soberbia. David no había estado caminando con Dios cuando se encontraba en la terraza de su palacio, o de lo contrario la escena de Betsabé allá abajo no le habría ocasionado tan grave caída. Si pierdes la comunión con Cristo, estarás al borde de una demencia que manchará tu carácter y te estropeará terriblemente la vida.

Solo estamos seguros cuando nos hallamos cerca de Dios; por tanto, dejemos que una sensación de peligro nos lleve a Él de inmediato. Hablo tanto de una observación generalizada como de una experiencia interior: no hay más que un paso entre distanciarnos de Dios y acercarnos a la tentación y el pecado. Si Dios se preocupa mucho por ti, te tendrá cerca de Él, o de lo contrario te hará sentir muy mal. No permitirá que te regocijes a no ser en Él mismo. Si tu amor no es digno de que Él lo tenga, puedes amar a quien gustes, pero ya que te ama mucho, Dios será muy celoso contigo, y si resulta que te alegra estar sin su compañía, te hará sufrir por tal perversidad e ingratitud.

Ese asunto del desvío, ese apartarse de la senda verde para andar entre las piedras del camino recto, ese alejarse de Cristo para probar los dulces engaños del mundo, ese bajar de nuestras alturas como si nos hubiéramos cansado de ser felices y estuviéramos disconformes con una vida angelical, todo eso significa una sucesión de aflicciones y remordimientos que solo, en el mejor de los casos, puede terminar en que, con los huesos rotos, nos volvamos otra vez a Cristo. Tales andanzas son dolorosas, terminen como terminen.

¡Qué diferente fue la carrera de David antes de su pecado que después de este! Siempre puedes saber qué salmos escribió antes de su transgresión; estaban rebosantes de júbilo, muy llenos de santo regocijo. Pero cuando canta después, lo hace con voz grave; aunque muestra amor a su Dios, es el amor solemne y lloroso del arrepentimiento en lugar del amor radiante y chispeante del deleite en Dios. No te equivoques, mi amado hermano, porque la equivocación trae dolor.

LAS PRUEBAS PERSONALES DEL PECADOR

¡Oh, tú que eres inconverso, si Dios tiene la intención de salvarte, pronto comenzará a disciplinarte en cuerpo o mente! Tendrás problemas. Eres una oveja errante, y Dios enviará su perro negro detrás de ti para devolverte al redil. Si un problema no consigue hacerlo, tendrás otro, otro, otro y otro. Tal vez estoy advirtiéndole a alguien que, como resultado de castigos providenciales y de la obra de la conciencia en su espíritu, ya haya despertado; cuídate de no jugar con tu toma de conciencia. Quizás después de ese ferviente sermón o de leer ese libro conmovedor, comenzaste a orar, pero tales deseos y sentimientos han disminuido ahora. Yo desearía que te afligieras mucho por esto. Permíteme advertirte que Dios puede alejarse de ti por completo. Esta es una calamidad más terrible de lo que sospechas; y, a menos que la evites, será tu ruina.

Yo podría estar escribiendo aquí a un extraño que en cierto momento tuvo una conciencia perturbada, pero que últimamente se ha vuelto muy insensible. Es hora de que busques al Señor. Cuando fuiste afligido antes, probaste la justicia propia, fuiste a la iglesia o la capilla, cumpliste ciertos sacramentos, etc. Ahora regresa a tu Dios o nunca estarás bien. Es vano acudir a sacerdotes, sacramentos o religiosidades: todo eso junto no es nada. Debes tener un trato personal con tu Dios y confesarle tu pecado, o estarás eternamente destrozado. Anímate y hazlo ahora mismo.

Anhela reconciliarte con Dios. Añora estar en paz con el gran Dios que hizo los cielos y la tierra. ¿Por qué debería haber una disputa entre tu Creador y tu alma? El camino de la reconciliación es a través de la sangre de su Hijo Jesucristo. Por tanto, confía en Jesús y encontrarás la paz de Dios. Ojalá su Espíritu te ayude a hacer esto ahora mismo. Búscalo y hazlo intensamente, decidiendo que nunca dejarás de buscar hasta que encuentres a Dios lleno de misericordia y amor por ti. Ven, te lo ruego, y vuélvete ahora al Señor, y que el Espíritu Santo te ayude a lograrlo. Él te ha desgarrado y te curará. Es quien te ha herido y te vendará.

Dios mismo debe curarte, o nunca sanarás. Quien ha destrozado tu corazón es quien debe consolarte, o no tendrás ningún descanso. Corre a tu habitación en este instante y, una vez allí, arrodíllate y clama a Dios con la oración de la fe. No te contentes con tu propia sensación de pecado. No, tu sensación de pecado puede ser tan solo la primera gota de una ducha de remordimiento eterno. Corre hacia Dios a través de Cristo, y no descanses hasta encontrarte allí. El Señor te hizo y no puedes ser feliz sin Él. Mientras Dios esté enojado contigo, no tendrás paz. Te está pidiendo que acudas a Él. Los golpes de su providencia tienen el propósito de separarte de tu amor al pecado y llevarte a tu Dios. Cree en Jesús y vive. Dios te bendiga, mi amado amigo, por amor a su Nombre. Amén.

> Anhela reconciliarte con Dios. Añora estar en paz con el gran Dios que hizo los cielos y la tierra.

4

Para los atribulados

RESUMEN:

En medio de la prueba, el cristiano probado debe acudir rápidamente a las Escrituras en busca de fuerzas para resistir, porque todos los cristianos fallan en buscar valor en medio de sus problemas. Fácilmente podemos engañar nuestras almas haciéndoles creer que Dios está furioso con nosotros y que experimentamos el odio divino. Debemos recordar que es Cristo quien soportó la ira que debía recaer sobre nosotros. Recordemos que la obra santificadora de las pruebas que Dios pone en nuestras sendas trae gloria a Dios y nos forma a la imagen del Hijo.

CITAS DESTACADAS:

«Oramos para ser como Cristo; sin embargo, ¿cómo podemos serlo si no somos en absoluto varones de dolores y nunca llegamos a conocer el sufrimiento?».

«No esperemos que cuando estemos en dificultades percibamos algún beneficio inmediato de estas».

«Ahora, hijo de Dios, si estás sufriendo hoy día en alguna manera, ya sea debido a los males de la pobreza, enfermedad corporal o depresión de espíritu, recuerda que no hay una gota de la ira judicial de Dios en todo ello».

4

Para los atribulados

*Sobre mí reposa tu ira, y me has
afligido con todas tus ondas.*

SALMOS 88:7

LA OBLIGACIÓN DE un pastor no solo es cuidar de las ovejas que están felices, sino también buscar a las enfermas dentro del rebaño y dedicarse fervientemente a consolarlas y socorrerlas. Por tanto, siento que hago lo correcto cuando me dedico especialmente a hablar con quienes están en problemas. Cuando te encuentras feliz y regocijándote en Dios, pletórico de fe y seguridad, muy bien puedes reservar un discurso para tus hermanos más débiles. Incluso puedes estar contento y agradecido de quedar sin tu porción, a fin de que quienes están deprimidos en espíritu puedan recibir una doble medida del vino de la consolación. Además, no estoy seguro de que ni siquiera a los cristianos más gozosos les perjudique recordar los días de tinieblas que se acercan sigilosa y rápidamente, porque «serán muchos» (Ec. 11:8). Al igual que los recuerdos de nuestros amigos moribundos se ciernen sobre nosotros como una nube, el recuerdo de que en el mundo hay tribulaciones y aflicciones volverá más serio nuestro regocijo y evitará que degenere en una idolatría de las cosas del tiempo y los sentidos. Por muchas razones, «mejor es ir a la casa del luto que a la casa del banquete» (Ec. 7:2). Puede ser que a ti que hoy rebosas de felicidad no te resulte doloroso una pequeña reserva de sagradas advertencias y consuelos. Esta enseñanza sobre el dolor podría sugerirte algunos pensamientos que, al ser atesorados, madurarán como fruta de verano y se suavizarán cuando llegue el invierno.

Está claro para todos los que leen las narraciones de las Escrituras, o que conocen a los hombres buenos, que el mejor de los siervos de Dios puede ser humillado de la peor manera. No hay promesa de prosperidad actual asignada a la religión verdadera. Como individuos, el pueblo de Dios pasa por lo mismo que la mayor parte de seres humanos, y ¿qué es eso sino problemas? Ciertamente, hay algunos sufrimientos que son peculiares para los cristianos, aunque se les compensa en gran manera por esos problemas peculiares y amargos que pertenecen a los impíos, de los cuales los cristianos son librados.

Del pasaje que abre este capítulo aprendemos que los hijos de Dios pueden ser humillados hasta el punto de escribir y cantar salmos que son totalmente dolorosos, con el único acompañamiento de suspiros y gemidos. No suelen hacerlo, pero en ocasiones se obliga a los santos a entonar cancioncillas sumamente tristes en que de principio a fin no hay una sola nota alegre. Pero incluso en su noche más lúgubre de invierno, los santos tienen una aurora en su cielo, y en este, el más deprimente de todos los salmos, hay un débil brillo en el primer versículo, como una estrella fugaz sobre su umbral: «Oh Jehová, Dios de mi salvación».

Hemán (el ezraíta) se mantuvo agarrado de su Dios. No todo es oscuridad en un corazón que puede clamar: «Dios mío», y el hijo de Dios, por mucho que se hunda, aún se mantiene aferrado de su Dios. «Aunque él me matare, en él esperaré» (Job 13:15), es la resolución de su alma. Jehová me hiere, pero Él es mi Dios. Me frunce el ceño, pero Él es mi Dios. Me pisotea en el mismo polvo y me coloca en el pozo más profundo, como entre los muertos, pero Él sigue siendo mi Dios, y así lo llamaré hasta que yo muera; aunque llegara a dejarme, clamaré: «Dios mío, Dios mío, ¿por qué me has desamparado?» (Mt. 27:46).

Además, en su peor momento el creyente sigue orando, y ora quizás de manera más vigorosa a causa de sus angustias. La vara de Dios azota a su hijo, no desde Él sino hacia Él. Nuestras aflicciones son olas que nos arrastran hacia la Roca. Este salmo está lleno de oración; está tan endulzado con súplicas como salado con dolor. Ahora bien, mientras una persona pueda orar, nunca estará lejos de la luz; se encuentra frente a la ventana, aunque tal vez las cortinas aún no se hayan descorrido. Quien puede orar tiene en su manos la clave por la cual escapar del laberinto de la aflicción. Como los árboles en invierno, podemos decir de la persona que ora cuando su corazón está fuertemente atribulado, que «en ella está su esencia, aunque haya perdido sus hojas».

La oración es el aliento del alma, y si esta respira es porque está viva, y al vivir recuperará sus fuerzas. Un individuo debe tener vida verdadera y eterna en su interior mientras pueda seguir orando, y mientras haya tal vida hay esperanza asegurada. Sin embargo, el mejor hijo de Dios puede ser el que más sufre, y sus sufrimientos pueden parecer aplastantes, mortales y abrumadores. También pueden ser tan prolongados como para acompañarlo todos sus días, y su amargura puede ser intensa, todo lo cual y mucho más nos enseña este salmo triste.

EXPOSICIÓN

Antes que nada, el lenguaje fuerte del salmo sugiere la aclaración de que los santos probados son propensos a exagerar sus aflicciones. Creo que todos erramos en esa dirección. El inspirado hombre de Dios que escribió nuestro texto fue tocado por esta enfermedad común, porque exagera su caso. Revisa sus palabras: «Sobre mí reposa tu ira». No tengo ninguna duda de que Hemán quiso decir *ira* en su peor sentido. Creía realmente que Dios estaba enojado y furibundo con él, incluso como el Señor actúa con los impíos; pero eso no era cierto. Según mostraremos, existe una diferencia muy seria entre el enojo de Dios contra sus hijos y el enojo de Dios contra sus enemigos. No creemos que Hemán haya discernido suficientemente esa diferencia, incluso temo que muchos de los hijos de Dios ahora mismo olviden esto y, por tanto, creen que el Señor está castigándolos de acuerdo con la estricta justicia. Pero si los pobres creyentes desconcertados pudieran ver esa diferencia, se enterarían de que lo que llaman «ira» solo es amor, en su propia manera sabia, que busca su mayor bien.

Además, el salmista declara: «Sobre mí reposa tu ira». Ah, si Hemán hubiera sabido lo que era tener la ira de Dios sobre él habría retirado esa palabra, porque toda la ira que cualquier ser humano siente alguna vez en esta vida no es más que la aplicación del dedo meñique de Dios. Es en el mundo venidero que la ira de Dios caerá con fuerza sobre la humanidad. Aquí no se conoce la presión realmente dolorosa y, especialmente, no la conoce un hijo de Dios. Se trata de una expresión demasiado fuerte si la sopesamos en la balanza de la verdad sobria. Supera la realidad, aunque quien la pronunció fuera el individuo vivo más desconsolado.

Luego Hemán agrega: «y me has afligido con todas tus ondas», como si fuera un náufrago recibiendo el embate de las olas del mar y todo el océano, y todos los océanos, estuvieran lanzándose contra él como el único objeto de su furor. Pero no fue así. Todas las olas de Dios no han golpeado sobre ninguna persona, sino solamente sobre el Hijo del Hombre. Aún hay algunos problemas de los que nos hemos librado, algunos males son desconocidos para nosotros. ¿No hay modalidades de dolor de las que nuestros cuerpos han escapado? ¿No hay también algunas punzadas mentales que no han exprimido nuestro espíritu? Y aunque nos pareciera que hemos atravesado todo el círculo de miseria corporal y mental, en nuestros hogares, nuestras casas o nuestras amistades seguramente nos queda algo de consuelo y, por tanto, estamos protegidos de alguna ola áspera.

Nadie entre los vivos puede saber literalmente cuántas serían todas las ondas de Dios. Ellas saben que están condenadas a sentir las ráfagas de la indignación divina, lo saben en la tierra de las tinieblas y del huracán eterno; saben lo que son todas las olas y las nubes de Dios, pero nosotros no lo sabemos. La metáfora es buena y admirable, y bastante correcta desde el punto de vista poético, pero es forzada como una declaración de la realidad.

Todos somos propensos a agravar nuestro dolor. Afirmo aquí esto como un hecho general, pero no quisiera molestar con eso al enfermo que soporta el peso de su aflicción. Si puede aceptar tranquilamente la sugerencia por voluntad propia, podría hacerle bien, pero sería cruel arrojársela. Por cierto que sea, no me gustaría susurrárselo al oído de ningún sufriente, porque no lo consolaría sino que lo afligiría. A menudo me he maravillado del extraño consuelo que las personas ofrecen cuando manifiestan: «Pero hay otros que están sufriendo más que tú». ¿Se espera que me regocije con la noticia de las miserias de otras personas? Todo lo contrario, me duele pensar que deba haber desgracias peores que las mías. Puedo concebir que un demonio en tormentos encuentre consuelo al creer que otros son torturados con llamas más feroces, pero seguramente tan diabólico consuelo no debería ofrecerse a ningún cristiano. Sin embargo, hay una forma de alivio semejante, pero de origen más legítimo, un consuelo honorable y divino. Hubo Uno sobre quien la ira de Dios cayó muy duramente. Uno que fue de veras afligido con todas las ondas de Dios. Y ese Uno es nuestro Hermano, un hombre como nosotros, el Amante más querido de nuestras almas; y debido a que Él conoció y padeció todo esto, puede compadecerse de nosotros en este momento, sea cual sea la tribulación que nos sobrevenga. Su pasión ha terminado ahora, pero no su compasión. Él ha cargado con la indignación de Dios y la ha alejado de nosotros. Al pensar en el Crucificado, nuestras almas no solo pueden obtener consuelo de su solidaridad y poderoso socorro, sino que podemos aprender a mirar nuestras pruebas con mayor tranquilidad y juzgarlas más de acuerdo con la norma auténtica. En presencia de la cruz de Cristo, nuestras propias cruces son menos colosales. Nuestros aguijones en la carne no son nada al compararlos con los clavos y la lanza.

No obstante, en segundo lugar, observemos que los santos hacen bien en rastrear todas sus pruebas hasta su Dios. Hemán hizo eso en el texto: «Sobre mí reposa tu ira, y me has afligido con todas tus ondas» (Sal. 88:7). Hemán rastrea toda su adversidad hasta el Señor su Dios. Se trata de la ira de Dios, son las ondas de Dios las que afligen al hombre, y es Dios quien hace que lo aflijan. Así, hijo de Dios, nunca olvides esto: todo lo que estás sufriendo en cualquier tipo de prueba te viene de la mano divina. Pero podrías decir: «En realidad mi aflicción proviene de individuos malvados»; sin embargo, recuerda que hay una predestinación que, sin ensuciar los dedos del Infinitamente Santo, no obstante gobierna los movimientos tanto de la gente malvada como de los ángeles santos. Sería terrible para nosotros que no hubiera cláusulas de la providencia de Dios que se relacionen con los impíos. Entonces, el gran desastre de la humanidad sería dejado totalmente al azar, y los malvados podrían doblegar sin ninguna esperanza a los piadosos. Sin inmiscuirse en la libertad de las voluntades de los impíos, el Señor gobierna y domina, de modo que ellos son como una vara en la mano de Dios con la que sabiamente azota a sus hijos.

Tal vez afirmes que tus pruebas no han surgido de los pecados de otros, sino de tu propio pecado. Aun entonces me gustaría que compungidamente los rastrearas hasta Dios. Aunque el problema surja del pecado, aun así es Dios quien ha designado que el sufrimiento siga a la transgresión, con el fin de que actúe como un agente reparador para tu espíritu. No mires a la segunda causa o, mirándola con profundo pesar, vuelve tu mirada principalmente a tu Padre celestial y: «Prestad atención al castigo, y a quien lo establece» (Mi. 6:9). El Señor envía sobre nosotros tanto el mal como el bien de esta vida mortal. Suyo es el sol que alegra y la escarcha que congela. Suya es la profunda calma, y suyo el feroz tornado. Insistir en segundas causas es frecuentemente frívolo, una clase de solemne insignificancia.

La gente suele decir de toda aflicción: «Pudo haberse evitado si hubiera ocurrido esto o aquello». Quizás si hubieran llamado a otro médico, la vida del amado niño se hubiera salvado; posiblemente, si me hubiera movido en esa dirección en los negocios, no habría resultado tal pérdida. ¿Quién puede juzgar lo que pudo haber sido? Nos perdemos en interminables conjeturas y, siendo crueles con nosotros mismos, acumulamos material para innecesarios sufrimientos. Las cosas no sucedieron así; ¿por qué entonces conjeturar lo que habría sido si hubieran sido diferentes? Esto es una necedad.

Diste lo mejor de ti, y el resultado no salió como esperabas. ¿Por qué rebelarse? Fijar la mirada en la segunda causa irritará la mente. Nos indignamos con el intermediario más inmediato de nuestro dolor y, por tanto, no nos sometemos a Dios. Hermano, perdona a la persona que te ofendió; de él fue el pecado, perdónalo como esperas ser perdonado; pero ahora tú cargas con el castigo, y este viene de parte de Dios; por ello, sopórtalo y pide compasión para aprovecharlo. Cuanto más nos alejemos de los agentes intermediarios, mejor, porque cuando lleguemos a Dios la compasión hará más fácil la sumisión.

No obstante, ahora, en tercer lugar, los hijos afligidos de Dios hacen bien en estar atentos a la ira que se mezcla con sus problemas: «sobre mí reposa tu ira». Ahí está el primer punto de Hemán. No menciona las ondas de la aflicción hasta que primero habla de la ira. Deberíamos esforzarnos por descubrir lo que el Señor pretende hacer al herirnos, lo que se propone al castigarnos, y hasta qué punto podemos responder a ese propósito. Debemos usar un ojo claramente perspicaz para distinguir las cosas.

Hay un enojo y un enojo, una furia y una furia. En cierto sentido, Dios no se enoja con sus hijos, pero sí lo hace en otro sentido. Como individuos, todos hemos desobedecido las leyes de Dios, y Dios se levanta en relación con todos nosotros como juez. Y como tal debe ejecutar sobre nosotros las penalidades de su ley y, desde la necesidad de su naturaleza, debe estar enojado con nosotros por haber quebrantado dicha ley. Eso concierne a toda la humanidad. Pero las transgresiones de una persona ya no se le cargan a su cuenta en el momento que cree en el Señor Jesucristo; están puestas sobre Cristo Jesús, el sustituto, y la ira se va junto con el pecado. La ira de Dios hacia los pecados de los creyentes se ha consumido en Cristo, a quien se ha castigado en lugar de ellos;

el castigo por sus pecados lo soportó Jesucristo. Dios no permita que el Juez de toda la tierra llegue alguna vez a ser injusto. No sería justo que Dios castigara a un creyente por un pecado que ya fue cargado sobre Jesucristo. De ahí que el creyente está completamente libre de toda responsabilidad de sufrir la ira judicial de Dios y de todo riesgo de recibir una sentencia punitiva de parte del Altísimo. La persona queda absuelta, ¿y podrá ser juzgada de nuevo? Aquel que ha pagado la deuda, ¿deberá ser llevado por segunda vez ante el juez, como si aún fuera deudor?

Ahora bien, el cristiano asume otra posición; es adoptado en la familia del Señor. Se ha convertido en hijo de Dios. Se encuentra bajo la ley de la casa divina. En toda casa hay una economía, una ley por la que se rigen los hijos y los siervos. Si el hijo de Dios quebranta la ley de la casa, el Padre enfrentará el agravio con azotes paternales, un tipo de castigo muy diferente al de un juez. La ira de un juez y la ira de un padre son tan anchas como la separación de los polos. Aunque esté enojado, el padre ama al hijo, y se enfada principalmente por esa misma razón. Si no fuera su hijo, tal vez no tomaría en cuenta su falta, pero debido a que es su propio chico quien ha dicho una mentira o ha cometido un acto de desobediencia, siente que debe castigarlo porque lo ama. Esto no requiere más explicación.

Hay una ira justa en el corazón de Dios hacia los seres humanos culpables e impenitentes; Él no siente nada de eso hacia su pueblo. Dios es su Padre y, si ellos transgreden, Él los castigará con azotes, no como un castigo legal, ya que Cristo soportó todo eso, sino como un suave castigo paternal, a fin de que vean su insensatez, se arrepientan, se vuelvan hacia su Padre y enmienden sus caminos.

Ahora, hijo de Dios, si hoy día estás sufriendo en alguna manera, ya sea debido a los males de la pobreza, enfermedad corporal o depresión de espíritu, recuerda que no hay una gota de la ira judicial de Dios en todo ello. No estás siendo castigado por tus pecados del modo en que un juez castiga a un culpable; no creas esa falsa doctrina. La doctrina del evangelio nos dice que nuestros pecados fueron contados en la cabeza del Gran Chivo Expiatorio de antaño y llevados de una vez por todas, para nunca más ser cargados contra nosotros otra vez.

Ahora, hijo de Dios, si hoy día estás sufriendo en alguna manera, ya sea debido a los males de la pobreza, enfermedad corporal o depresión de espíritu, recuerda que no hay una gota de la ira judicial de Dios en todo ello.

Sin embargo, debemos usar el ojo de nuestro juicio al mirar nuestra aflicción actual para ver y confesar lo abundantemente que como hijos merecemos la vara. Vuelve a la época en que te convertiste, querido hermano o hermana, y reflexiona: ¿Te sorprende que Dios te haya castigado? Hablando por mí mismo, me pregunto si alguna vez en algún momento he escapado a la vara. ¡Qué ingratos hemos sido!, ¡qué poco cariñosos y amables!, ¡qué traidores a nuestros votos más benditos!, ¡qué infieles a nuestros ofrecimientos más sagrados! ¿Hay una sola ordenanza contra la cual no hayamos pecado? ¿Nos levantamos alguna vez de nuestras rodillas sin haber ofendido mientras orábamos? ¿Hemos terminado alguna vez de cantar un himno sin que nuestra mente vague o el corazón se enfríe? ¿Leímos alguna vez un capítulo por el que no hayamos llorado, por no haber recibido en nuestra alma la verdad en el amor de la Palabra de Dios como deberíamos haberlo hecho? Oh, buen Padre, si experimentamos un gran dolor, merecemos volver a tener otro. Cuando has confesado tu pecado, déjame exhortarte a utilizar celosamente esos mismos ojos con el fin de buscar el pecado particular que ha causado el castigo actual.

No me extraña que algunos cristianos sufran; me debería extrañar que no enfrenten sufrimiento. Los he visto, por ejemplo, descuidar la oración familiar y otros deberes hogareños, y sus hijos crecieron deshonrándolos. Si exclaman: «¡Que aflicción tengo!». No nos gustaría declarar: «Ah, pero podrías haberlo esperado; eres quien la ocasionó». No obstante, tal declaración sería cierta. Cuando los hijos han dejado el techo paterno y han caído en pecado, no nos ha sorprendido que el padre haya sido cruel, amargado y malhumorado. No esperábamos recoger «uvas de los espinos, o higos de los abrojos» (Mt. 7:16). Hemos visto individuos cuyo único pensamiento era: «Consigue dinero, consigue dinero» y, sin embargo, han profesado ser cristianos. Tales personas han sido irritables y desdichadas, pero no nos hemos asombrado. ¿Querrías que el Señor tratara de manera liberal con esos cascarrabias hoscos? Hermano, las raíces de tus aflicciones pueden estar debajo de tu puerta, donde yace tu pecado. Investiga y busca.

No obstante, a veces la causa del castigo se encuentra más lejos. Todo cirujano te dirá que existen enfermedades que se vuelven problemáticas en la flor de la vida, o en la vejez, que pueden haberse ocasionado en la juventud por alguna mala acción, o por un accidente, y el mal puede haber permanecido latente todos esos años. Así, los yerros de nuestra juventud pueden producirnos tristezas en nuestros años más maduros; y las faltas y omisiones de hace veinte años pueden azotarnos hoy día. Si la falta pudo haber sido de gran antigüedad, debería llevarnos a una búsqueda más profunda y a oración más frecuente. Quizás cuando eras joven no te importaban las personas cuyo espíritu estaba afligido; tú mismo te encuentras así hoy día, y tu dureza te aflige ahora. Podría ser que, cuando te hallabas en mejores circunstancias, te inclinabas a menospreciar a los pobres y despreciar a los necesitados; tu soberbia es castigada ahora. Muchos ministros han ayudado a injuriar a otro al creer un mal informe contra él, quien poco a poco se ha convertido en víctima de calumnia.

Dios investigará las transgresiones de sus hijos. Con frecuencia permite que los pecadores continúen con su vida sin ser reprendidos, pero no sucede así con sus hijos. Si hoy día fueras a tu casa y vieras una cantidad de muchachos lanzando piedras y rompiendo ventanas, es posible que no interfirieras con ellos, pero si ves a tu propio chico entre ellos, estoy seguro de que lo sacarías de allí y harías que se arrepintiera. Si Dios ve que los pecadores siguen en sus malos caminos, tal vez no los castigue ahora; les hará justicia en otra condición. Pero si se trata de uno de sus propios elegidos, Dios hará que se arrepienta.

Tal vez el castigo pueda ser enviado a causa de un pecado no desarrollado aún, o de alguna tendencia latente hacia la maldad. El sufrimiento puede estar destinado a desenterrar el pecado para que puedas seguirle la pista. ¿Tienes alguna idea de lo malo que eres por naturaleza? Ninguno de nosotros sabe de qué somos capaces si la gracia nos abandona. Creemos ser poseedores de un buen carácter y una disposición afable. ¡Ya lo veremos! Nos relacionamos con compañías provocadoras y resultamos tan burlados y ofendidos, y tan hábilmente tocados en nuestras partes más sensibles, que nos dejamos llevar por la ira y nuestro carácter afable se esfuma. ¿No es algo terrible agitarnos tanto? Sí, lo es, pero si nuestros corazones fueran puros, ninguna clase de agitación los contaminaría.

Podría ser gran ganancia para un individuo saber qué pecado hay en él, porque entonces se humillaría delante de su Dios y comenzaría a combatir sus propensiones. De no haber visto su suciedad, nunca habría barrido la casa. Si nunca hubiera sentido el dolor, el mal habría acechado en su interior, pero ahora que siente el dolor volará hacia el remedio. En ocasiones, por tanto, se nos puede enviar una prueba para que podamos discernir el pecado que mora en nosotros y podamos buscar su destrucción. ¿Qué podemos hacer en este momento si estamos bajo los azotes de la mano de Dios, sino humillarnos humildemente delante de Él e ir como culpables deseando confesar más a fondo el pecado particular que lo pudo haber motivado a castigarnos, apelando a la preciosa sangre de Jesús para el perdón y al Espíritu Santo por el poder para vencer nuestro pecado?

Una vez que hayas hecho esto, permíteme darte una advertencia antes de dejar este punto. No esperemos que cuando estemos en dificultades percibamos algún beneficio inmediato de estas. Cuando he padecido un sufrimiento agudo, yo mismo he intentado ver si me he rendido un poco más o me he vuelto más ferviente en la oración, o si me he ensimismado más en la comunión con Dios. Y nunca he podido ver el más leve rastro de progreso en tales momentos, porque el dolor distrae y dispersa los pensamientos. El jardinero toma su cuchillo y poda los árboles frutales para conseguir que lleven más fruto. Su pequeño llega pisándole los talones y grita: «Padre, no veo que el fruto brote en los árboles después que los has cortado». El papá responde: «No, querido hijo, no es probable que los veas, pero vuelve en unos pocos meses cuando haya llegado la temporada de frutas, y entonces verás las doradas manzanas que

> No esperemos que cuando estemos en dificultades percibamos algún beneficio inmediato de estas.

agradecen el cuchillo». Las misericordias que están destinadas a perdurar requieren tiempo para su producción.

BENEFICIOS DE LOS PROBLEMAS

Se han escrito muchos volúmenes sobre el tema, y podría bastar con repetir el catálogo de los beneficios de las pruebas, pero no te entretendré. Los problemas severos en un verdadero creyente tienen el efecto de aflojar las raíces bajo tierra de su alma y apretar el anclaje que sostiene su corazón hacia el cielo. ¿Cómo puede amar al mundo que se ha vuelto tan lúgubre para él? ¿Por qué debería buscar uvas tan amargas para su gusto? ¿No debería ahora pedir las alas de una paloma para poder volar hacia su propia nación y estar en reposo para siempre?

Con frecuencia, la aflicción nos revela verdades y nos abre a la verdad; no sé cuál de estos dos aspectos es el más difícil. La experiencia revela verdades que de otro modo estarían cerradas para nosotros. Muchos pasajes de las Escrituras nunca serán aclarados por el comentarista; deben ser expuestos por la experiencia. Muchos textos están escritos con una tinta secreta que debe ser sometida al fuego de la adversidad para hacerlos visibles. Me han contado que vemos estrellas en un pozo cuando no hay ninguna visible sobre la tierra, y estoy seguro de que, cuando estamos sumidos en las profundidades de un problema, podemos discernir muchas verdades estelares que no serían visibles para nosotros en otro lugar. Además, ya afirmé que se nos reveló la verdad como la mayor autenticidad para nosotros. Somos superficiales en nuestras creencias; a menudo estamos empapados de verdad y, sin embargo, esta se nos escapa como agua de una losa de mármol. Pero la aflicción, por así decirlo, nos surca y abre nuestros corazones para que la verdad penetre en nuestra naturaleza más íntima y nos empape como la lluvia en tierra arada. Bienaventurado el individuo que en su ser más íntimo recibe la verdad de Dios; nunca la perderá.

Cuando la aflicción es santificada por el Espíritu Santo, le trae mucha gloria al Dios de los cristianos, a través de experimentar la fidelidad del Señor hacia ellos. Debemos ser probados o no podremos magnificar al Dios fiel, que no abandonará a su pueblo.

Repito, la aflicción nos da por medio de la gracia el inestimable privilegio de ser conformados a la imagen del Señor Jesús. Oramos para ser como Cristo; sin embargo, ¿cómo podemos serlo si no somos en absoluto varones de dolores y nunca llegamos a conocer el sufrimiento? ¿Ser como Cristo, pero sin que atravesemos nunca el valle de lágrimas? ¿Ser como Cristo y, aun así, tener todo lo que el corazón podría desear sin resistir nunca la contradicción de los pecadores contra ti, y sin que nunca digas: «Mi alma está muy triste, hasta la muerte» (Mt. 26:38)? Una parte de la tristeza del Señor debe preceder a una parte de su gloria. Oh, si debemos ser como Cristo, a fin de morar con Él eternamente, podemos estar muy contentos de atravesar por mucha aflicción para llegar a ser como nuestro Señor.

Una vez más, nuestros sufrimientos nos son de gran utilidad cuando Dios los bendice, porque nos ayudan a ser útiles a los demás. Debe ser algo horrible para una persona nunca haber sufrido dolor físico. Podrías expresar: «Me gustaría ser esa persona». Ah, a menos que tuvieras gracia extraordinaria, te volverías alguien duro y frío,

> Oramos para ser como Cristo; sin embargo, ¿cómo podemos serlo si no somos en absoluto varones de dolores y nunca llegamos a conocer el sufrimiento?

llegarías a ser una especie de individuo de hierro fundido, que destruirías a otras personas al tocarlas. No, prefiero que mi corazón sea sensible, incluso suave, si tiene que ser ablandado por el dolor, pues quisiera saber cómo vendar la herida de mi prójimo. Que mi ojo tenga una lágrima pronta para las penas de mi hermano, aunque para hacer eso yo deba derramar diez mil de las mías. Huir del sufrimiento sería escapar de la facultad de ser compasivos, lo que debería desaprobarse por completo. Lutero tenía razón cuando declaró que la aflicción era el mejor libro en la biblioteca del ministro. ¿Cómo puede el hombre de Dios compadecerse de los afligidos, si no sabe nada acerca de los problemas que los aquejan?

Si el hombre de Dios que ha de ministrar a otros pudiera ser siempre fuerte, tal vez sería una pérdida. Si pudiera estar siempre enfermizo, ocurriría lo mismo. Pero que el pastor pueda recorrer todos los lugares a los que el Señor permite que vayan sus ovejas, es sin duda una ventaja para el rebaño. Y lo que es para los ministros, eso será para cada cristiano, de acuerdo con su llamado, para la consolación del pueblo de Dios.

Sé agradecido entonces, hermano; agradece por los problemas. Por encima de todo, sé agradecido porque pronto terminarán y estaremos en la tierra donde se hablará de estas cosas con gran alegría. Así como los soldados muestran sus cicatrices y hablan de sus batallas cuando llegan por fin a pasar su vejez en su país de origen, así nosotros, en la querida tierra a la que nos apresuramos, hablaremos de la bondad y la fidelidad de Dios que nos ayudaron a superar las pruebas a lo largo del camino. No me gustaría estar en medio de ese ejército con vestiduras blancas y oír que se diga: «Estos son los que salieron de la gran tribulación, todos menos ese». ¿Te gustaría estar allí para verte señalado como el único santo que no conoció un dolor? Oh no, pues serías un extraño en medio de la sagrada hermandad. Estaremos felices de haber participado en la batalla, porque pronto usaremos la corona y ondearemos la palma.

Sé que mientras predico algunos podrían haber dicho: «Ah, este pueblo de Dios la está pasando mal». Y tal vez tú también lo digas. Los impíos no escapan del sufrimiento por medio de su pecado. Nunca he oído de alguien que escape de la pobreza siendo derrochador. Nunca he sabido de un hombre que escapara del dolor de cabeza o de la angustia por medio de la embriaguez, o de un dolor corporal por medio del libertinaje. He escuchado lo contrario y, si hay sufrimientos para el santo, los habrá para ti.

Impío, ten cuidado con esto, porque para ti estas cosas no son malas. Las perviertes con el fin de hacer maldades, pero a los santos les brindan beneficio eterno. Para el malvado, sus sufrimientos son castigos, porque resultan ser las primeras gotas del granizo rojo que le caerá para siempre. Pero no ocurre así con el hijo de Dios. El impío recibe castigo por sus faltas, pero el hijo no. Y permíteme decirte también que, aunque hoy día disfrutes de paz, prosperidad, abundancia y felicidad, ningún hijo de Dios que se encuentra en este instante en las mismas profundidades de la angustia cambiaría de lugar contigo bajo ninguna circunstancia, sino que preferiría ser el perro de Dios que lo patearan debajo de la mesa, que ser el favorito del diablo sentado con él a la mesa.

¿Crees que amamos a Dios por lo que obtenemos de Él y por nada más? ¿Es esa tu idea del amor que un cristiano le tiene a Dios? Así es como los impíos hablan y así creyó el diablo que era el caso de Job. El diablo no comprende el amor y el afecto verdaderos, pero el hijo de Dios puede decirle en la cara al diablo que ama a Dios, aunque lo cubra con llagas y lo ponga en el estercolero; y con la buena ayuda de Dios se aferra a Él a través de problemas diez veces más fuertes que los que ha tenido que soportar, en caso que le lleguen.

COMO PERSEVERAR A TRAVÉS DE LAS PRUEBAS

¿No es Él un Dios bendito? Sí, que nuestros lechos de enfermedad resuenen con la declaración: Dios es un Dios bendito. En la noche nos observa cuando estamos cansados y, cuando nuestro cerebro está caliente y afiebrado, y nuestra alma está distraída, seguimos confesando que Él es un Dios bendito. Cada sala de hospital donde se encuentran creyentes debería hacerse eco de ese mensaje. ¿Un Dios bendito? «Sí que lo es», dice el pobre y necesitado aquí en este momento y por toda la tierra. ¿Un Dios bendito? Y su pueblo moribundo responde: «Sí, aunque nos mate, bendeciremos su nombre. Él nos ama, y nosotros lo amamos; y aunque recibamos el embate de todas sus olas, y su ira caiga sobre nosotros, no nos cambiaríamos con reyes en sus tronos si no tienen el amor de Dios».

5

El campo de cebada en llamas

RESUMEN:

A diferencia de Absalón, cuando Dios llama a los creyentes y no respondemos, es justo y bueno que Dios prenda fuego a nuestros campos de cebada, todo con el fin de que nos acerquemos a Él. Sin embargo, en medio de nuestra aflicción no estamos abandonados. Con frecuencia, el Señor puede utilizar la prueba o la pérdida para hacer que nos aproximemos a Él, como debimos haber hecho cuando nos llamó. Lo mejor es que acudamos cuando somos llamados. Y cuando Dios haga arder nuestros campos, aferrémonos cada vez más a Él en arrepentimiento y gracia.

CITAS DESTACADAS:

«Las pérdidas también son a menudo el medio que Dios usa para traer a casa sus ovejas descarriadas. Como perros feroces, inquietan a las descarriadas a regresar al pastor».

«Tus pruebas obran para tu bien perdurable al acercarte cada vez más a tu Dios».

5

El campo de cebada en llamas

Y mandó Absalón por Joab, para enviarlo al rey, pero él no quiso venir; y envió aun por segunda vez, y no quiso venir. Entonces dijo a sus siervos: Mirad, el campo de Joab está junto al mío, y tiene allí cebada; id y prendedle fuego. Y los siervos de Absalón prendieron fuego al campo. Entonces se levantó Joab y vino a casa de Absalón, y le dijo: ¿Por qué han prendido fuego tus siervos a mi campo?

2 SAMUEL 14:29-31

TAL VEZ RECUERDES la narración histórica. Absalón había huido de Jerusalén por temor a la ira de su padre David; después de un tiempo se le permitió regresar, pero sin ser admitido en la presencia del rey. Con el deseo ferviente de ser restaurado a sus antiguas posiciones de honor y favor, Absalón rogó a Joab que acudiera a él, con la intención de pedirle que actuara como mediador. Puesto que Joab había perdido gran parte de su simpatía por el joven príncipe, se negó a acudir y, aunque se le mandó llamar en repetidas ocasiones, se negó a cumplir los deseos del príncipe. Por tanto, Absalón ideó un plan muy perverso pero eficaz para asegurarse de que Joab acudiera al llamado. Ordenó a sus siervos que prendieran fuego al campo de cebada de Joab. Esto hizo enfurecer a Joab y lo llevó a preguntar: «¿Por qué han prendido fuego tus siervos a mi campo?». Esto era todo lo que Absalón quería; deseaba una entrevista, y no tenía escrúpulos en cuanto al método de conseguirla. El incendio del campo de cebada trajo a Joab a la presencia de Absalón, quien así cumplió su objetivo.

Omitiendo el pecado de acción, aquí tenemos una imagen de lo que a menudo hace nuestro bondadoso Dios con el mejor y más sabio diseño. Con frecuencia envía a llamarnos, no para su beneficio, sino para el nuestro; su deseo es que nos acerquemos y recibamos una bendición de sus manos, pero somos insensatos, insensibles y perversos, y no acudimos. Como Dios sabe que no iremos por ningún otro medio, envía una aflicción seria: le prende fuego a nuestro campo de cebada, lo cual tiene derecho de hacer, ya que nuestros campos de cebada le pertenecen más a Él que a nosotros.

Esto estuvo mal en el caso de Absalón. Pero, en el caso de Dios, Él tiene derecho de hacer lo que quiera con los suyos. Nos quita nuestro deleite preferido, en el que hemos puesto el corazón, y entonces preguntamos a sus manos: «¿Por qué contiendes conmigo? ¿Por qué me has golpeado con tu vara? ¿Qué he hecho para provocar tu ira?». De este modo somos llevados a la presencia de Dios y recibimos bendiciones de valor más infinito que aquellas misericordias temporales que el Señor debió quitarnos. Verás entonces cómo pretendo utilizar mi texto en esta oportunidad.

Como pastor de una iglesia grande entro constantemente en contacto con toda clase de sufrimientos humanos. Con frecuencia se trata de pobreza, una pobreza que no es provocada por ociosidad o vicio, sino pobreza real. Esta escasez es del tipo más angustioso y aflictivo, porque también visita a quienes han peleado bien la batalla de la vida y se han esforzado duro durante años y, aunque en su vejez apenas saben de dónde vendrá el alimento, simplemente descansan en la promesa: «Se le dará su pan, y sus aguas serán seguras» (Is. 33:16). En ocasiones, mensajeros acuden a mí tan rápido como le llegaron a Job, portando malas noticias relacionadas con uno o algunos miembros de la congregación. Y ni me he condolido con una compañía de tristes quejas cuando otro grupo de mensajeros espera en la puerta. Cuán pocas familias pasan mucho tiempo sin experimentar pruebas severas; difícilmente una persona escapa de alguna larga temporada sin experimentar tribulación. Con mano imparcial, el sufrimiento toca la puerta tanto del palacio como de la choza. ¿Por qué ocurre esto? Sabemos que el Señor «no aflige ni entristece voluntariamente a los hijos de los hombres» (Lm. 3:33) en vano; ¿por qué podría ser que emplee a tantos siervos malencarados y envíe tan a menudo a sus ujieres de vara negra? ¿Cuál sería la razón? Quizás yo pueda dar una respuesta adecuada a tan buenas preguntas.

PARA EL CREYENTE EN CRISTO

Amado hermano o amada hermana en Jesucristo, no podemos evitar las aflicciones. Si los campos de cebada de otros no están ardiendo, los nuestros arderán. Si el Padre no utiliza la vara en ningún otro lugar, seguramente hará que sus verdaderos hijos se vuelvan irreverentes. Tu Salvador te ha dejado un doble legado: «Estas cosas os he hablado para que en mí tengáis paz. En el mundo tendréis aflicción» (Jn. 16:33). Aunque en el momento disfrutemos de paz, no debemos esperar que vayamos a escapar sin el privilegio de la aflicción. Todo el trigo debe ser trillado, y la era de Dios es testigo del peso del azotador tanto como cualquier otro.

Pero tú, amado, tienes cuatro consuelos muy especiales en todos tus problemas. En primer lugar, tienes esta tierna reflexión: que no hay maldición en tu cruz. Cristo fue hecho maldición por nosotros, y a su cruz la llamamos el madero maldito, pero en realidad es el más bendito desde que Jesús colgó allí. Ahora puedo afirmar con relación a la cruz de la aflicción: «Bendita es toda persona que cuelga de este madero». La cruz puede ser muy pesada, especialmente cuando está verde y nuestros hombros no están acostumbrados a cargarla; pero recuerda que, aunque pese una tonelada de aflicciones, no tiene una sola onza de maldición en ella. Dios no castiga a sus hijos en el sentido de justicia vengadora; Él castiga como un padre a su hijo, pero nunca castiga a sus redimidos como un juez lo hace con un criminal. ¿Cómo castigará el Señor dos veces por un agravio? Si Cristo se llevó mis pecados y se puso como mi sustituto, entonces no hay ira de Dios para mí. Puede que yo sienta dolor, pero no será bajo la vara de la justicia del lictor, sino bajo la vara de sabiduría del Padre. Oh, cristiano, ¡cuán dulce debe ser esto para ti!

La ira de Dios es el rayo que lastima el alma y, ahora que estás libre de ese tremendo peligro, no debes abrumarte con los pocos chubascos y nubarrones que la Providencia te envía. Un Dios de amor causa nuestras penas; Él es tan bueno cuando castiga como cuando acaricia. No hay más ira en sus angustiantes providencias que en sus actos de bondad. Dios puede parecer cruel ante la incredulidad, pero la fe siempre puede ver amor en su corazón. ¡Oh, qué bondad que el Sinaí haya dejado de tronar!

En segundo lugar, tienes otro motivo de consuelo, a saber, que todos tus problemas te son asignados por la sabiduría y el amor divinos. Si el Señor te asigna diez, nunca pueden ser once. En cuanto a la carga, Aquel que equilibra «los montes con balanza y con pesas los collados» (Is. 40:12) se encarga de medir tus problemas, y no tendrás un solo grano más del que la sabiduría infinita considere necesario. Podría parecerte que el diablo está suelto sobre ti, pero recuerda que no es más que un enemigo encadenado. Hay un límite para todo problema, y el diablo no puede sobrepasarlo. Nabucodonosor pudo haber calentado el horno siete veces más de lo normal, pero el termómetro de Dios mide el grado exacto de calor, y la llama no puede rugir más allá de ese punto. Considera todo lo que tengas que sufrir como el designio de la sabiduría, regido por el amor, y te regocijarás en toda tu aflicción sabiendo que esta te revelará la misericordia y la sabiduría de tu Dios.

Cuentas con un tercer consuelo, es decir, que bajo tu cruz tienes muchos alivios especiales. Hay refrigerios que Dios da a los santos enfermos que nunca pone en los labios de quienes tienen salud. No se escucha el canto del ruiseñor si no hay noche, y existen algunas promesas que solo nos corean en medio de la aflicción. Es en el sótano de la angustia donde se almacena el buen vino añejo del reino. Nunca verás tan bien el rostro de Cristo como cuando todos los demás te dan la espalda.

Duermen plácidamente aquellos a quienes Jesús les tiende la cama. Los santos que sufren son por lo general los más florecientes, y deben serlo porque tienen el cuidado especial de Jesús. Si quieres hallar una persona cuyos labios destilen perlas, busca una que haya estado en aguas profundas. Rara vez aprendemos mucho, a no ser a golpes de vara en la escuela de Cristo bajo la maestra Problemas. Las vides de Dios le deben más al cuchillo de podar que a cualquier otra herramienta del huerto; los retoños superfluos son tristes ladrones de las vides. Pero aun cuando cargamos la cruz, esta trae consuelo presente; se trata de una cruz muy querida, toda adornada con rosas y goteando el dulce olor de la mirra. Las almas humildes consideran un gran honor ser dignas de sufrir por causa de Cristo. Si alguna vez el cielo se abriera del todo a la mirada de los mortales, la visión se le concedería a aquellos que moran en el Patmos de la necesidad y la angustia. Las alegrías del horno resplandecen tan cálidamente como sus llamas. Adorables son los propósitos de la adversidad y encantadores sus complementos cuando el Señor está con su pueblo.

Entonces, y este es el punto al que me lleva mi texto, tú tienes este consuelo: tus pruebas obran para tu bien perdurable al acercarte cada vez más a tu Dios. Mi querido

Tus pruebas obran para tu bien perdurable al acercarte cada vez más a tu Dios.

amigo en Cristo Jesús, nuestro Padre celestial nos manda llamar frecuentemente, y nosotros no solemos acudir. Dios envía por nosotros para que ejerzamos una fe más simple en Él. Hemos creído, y por fe hemos pasado de muerte a vida, pero a veces nuestra fe

se tambalea. Tenemos fe para aferrarnos a pequeñas promesas, pero con frecuencia nos da miedo abrir la boca de par en par, aunque el Señor ha prometido llenarla. Por tanto, nos llama, diciendo: «Ven, hijo mío, ven y confía en mí. El velo está rasgado; entra en mi presencia y acércate valientemente al trono de mi gracia. Soy digno de tu plena confianza; deposita tus ansiedades en mí. Sacúdete el polvo de tus ansiedades y viste tu hermosa vestimenta de fe». Pero ¡ay!, aunque se nos llame con tonos de amor al bendito ejercicio de esta gracia consoladora, no acudimos.

En otro tiempo, Dios nos llama a tener una comunión más cercana con Él. Hemos estado sentados en el umbral de la casa del Señor, y nos pide que entremos al salón del banquete y cenemos con Él, pero declinamos tal honor. Él nos ha admitido en los aposentos interiores, pero hay recámaras secretas que aún no se han abierto para nosotros; Dios nos invita a entrar en ellas, pero nos escondemos.

Jesús anhela tener comunión cercana con su pueblo. Debería ser un gozo para el cristiano estar con Cristo, pero también es un gozo para Jesús estar con su pueblo, porque escrito está: «Mis delicias son con los hijos de los hombres» (Pr. 8:31). Ahora bien, creeríamos que si Cristo tan solo nos hiciera una señal con el dedo y nos dijera: «Acércate y comulga conmigo», volaríamos, como si tuviéramos alas en nuestros pies. Pero, en lugar de eso, nos adherimos al polvo: nos ocupamos en demasiados asuntos, tenemos demasiadas ansiedades agobiantes y nos olvidamos de acudir, aunque es la voz de nuestro Amado la que nos llama hacia sí mismo.

Con frecuencia, el llamado es a una oración más ferviente. ¿No sientes en ti mismo, en ciertos momentos, un anhelo ferviente por orar en privado? Y, sin embargo, es posible que hayas apagado el Espíritu en ese sentido y has continuado sin la cercanía del acceso a Dios. Cada día el Señor le pide a su pueblo que acuda a Él y pida lo que quiera, y le será concedido. Él es un Dios generoso que se sienta en el propiciatorio y se deleita en otorgar a su pueblo los mayores deseos de sus corazones. Y, no obstante, ¡qué vergüenza!, vivimos sin ejercer este poder de la oración y nos perdemos la plenitud de la bendición que saldría de esa cornucopia de gracia. ¡Ah, mi hermano!, en esto somos aquí muy culpables la mayoría de nosotros. El Maestro nos envía a orar, y no acudimos.

A menudo, Jesús también nos llama a un estado superior de piedad. Estoy persuadido de que hay cristianos en la gracia más lejos de los cristianos mediocres, como cristianos mediocres que están más lejos de lo profano. Existen alturas que los ojos comunes nunca han visto, mucho menos escalado. ¡Ojalá tuviéramos la gracia para surcar las nubes y subir al cielo azul puro de la comunión con Cristo!

No servimos a Dios como deberíamos servirle. Estamos fríos como hielo cuando deberíamos ser como metal fundido que se abre paso a través de toda oposición. Somos como la arena estéril del Sáhara cuando deberíamos estar floreciendo como el huerto del Señor. Le damos a Dios centavos cuando merece dólares; es más, merece que la sangre de nuestro corazón esté acuñada en el servicio de su iglesia y su verdad. No somos más que pobres amantes de nuestro afable Señor Jesús; no somos aptos para ser sus siervos, mucho menos para ser su novia. Hermano, a menudo Dios nos llama a grados superiores de piedad y, sin embargo, no acudimos.

Ahora bien, ¿por qué permitimos que nuestro Señor nos llame y, muy a menudo, no acudimos a su llamado? Permite que tu propio corazón indique la razón en una humilde confesión de tus ofensas. Nunca pensamos que seríamos tan malos como lo somos. Si un ángel nos hubiera dicho que iríamos a ser tan indiferentes hacia Cristo, debíamos haber dicho, como Hazael le dijo a Eliseo: «¿Qué es tu siervo, este perro, para que haga tan grandes cosas?» (2 R. 8:13). Si alguno de nosotros pudiera haber visto nuestra propia historia escrita por la pluma de un profeta, deberíamos haber declarado: «No, no puede ser; si Cristo me perdona, debo amarlo». Y, no obstante, hasta ahora hemos sido ingratos e incrédulos, e incluso nos hemos negado a escuchar el llamado divino y acudir al mandato. Debido a que no escuchamos el amable llamado de Dios, nos vienen los problemas, así como llegó el incendio del campo de cebada de Joab. Los problemas vienen en toda clase de formas. Poco importa en qué forma vengan las aflicciones, si nos hacen obedecer el llamado divino.

A algunos cristianos les llega su prueba en forma de enfermedad: arrastran consigo un cuerpo enfermo durante toda la vida, o son arrojados repentinamente sobre el lecho del dolor. Esta es la medicina de Dios y, cuando sus hijos la reciben, que no se piense que se les envía para matarlos sino para curarlos. Muchas medicinas que los médicos recetan enferman al individuo por un tiempo; un médico inteligente sabe que esta es la consecuencia de la medicina, por lo que no le alarma en absoluto el dolor de su paciente, sino que espera que todo esto actúe para bien y acabe, por así decirlo, con la enfermedad original.

Cuando el Señor nos envía una enfermedad dolorosa, quizás por un tiempo haga que nuestros males espirituales anteriores empeoren, porque a menudo la enfermedad provoca impaciencia y murmuración contra Dios, pero a su debido tiempo nuestros espíritus orgullosos se quebrantarán y suplicaremos misericordia. El diamante ha tenido muchos cortes, pero su valor aumenta por eso, y así ocurre con el creyente bajo las visitas de Dios. Mi hermano, si no acudes al llamado de Dios, te enviará una cama de enfermo para que puedas ser llevado a Él en ella. Si no acudes corriendo, Él te hará ir cojeando. Pero debes acudir y, si no hay otro medio, la enfermedad será el carruaje negro que montarás.

Las pérdidas también son a menudo el medio que Dios usa para traer a casa a sus ovejas descarriadas. Como perros feroces, inquietan a las descarriadas a regresar al pastor. Cuando son ricos y poseen más bienes, muchos profesantes son demasiado altaneros y hablan con excesiva jactancia. Cuando el cristiano enriquece y tiene buena reputación, buena salud y una familia feliz, muy a menudo invita al señor Seguridad Carnal a disfrutar un festín en su mesa. Si es un verdadero hijo de Dios, hay una vara preparada para él. Espera un momento, y puede ser que veas la esencia de esta persona derritiéndose como un sueño. Pues bien, a medida que estas vergüenzas vienen una tras otra, el cristiano empieza a angustiarse por ellas, y se dirige a su Dios. ¡Oh, benditas olas, que lavan al hombre en la roca de salvación! ¡Oh, benditas cuerdas, que aunque nos corten la carne, nos acercan a Jesús! Las pérdidas en los negocios a menudo se han santificado para el enriquecimiento de nuestras almas. Si no vienes al Señor con las manos llenas, vendrás vacío. Si Dios, en su gracia, no encuentra otro medio para hacer que lo honres entre los seres humanos, te hará descender al valle de la pobreza. También tenemos las defunciones. Qué afilados cortes de varas recibimos con estas pérdidas, mi hermano. Sabemos cómo el Señor las santifica para acercar a su pueblo hacia sí. Cristo mismo una vez vivió lutos como nos ha ocurrido a nosotros. Las defunciones podrían verse como aspectos muy tristes, pero cuando recordamos que Jesús lloró por su amigo Lázaro, en lo sucesivo los lutos son joyas selectas y favores especiales de parte de Dios. Muchas madres han sido motivadas a una vida más santa por la muerte de su bebé. A muchos esposos se les ha guiado a entregar su corazón más a Cristo por la muerte de su esposa. ¿Acaso los espíritus difuntos, al igual que ángeles, no nos hacen mirar hacia el cielo? Sí, debemos mirar bajo esta luz esas tumbas recién hechas y orar porque el Señor cave también nuestros corazones con la pala funeraria y entierre nuestros pecados al igual que sepultamos a nuestros difuntos.

> Las pérdidas también son a menudo el medio que Dios usa para traer a casa a sus ovejas descarriadas. Como perros feroces, inquietan a las descarriadas a regresar al pastor.

Las pruebas en tu familia, en tus hijos, son otra forma de campo de cebada ardiendo. No sé, hermano, pero creo que una cruz viva es mucho más pesada de llevar que una muerta. Sé de algunas personas que no han perdido a sus hijos; me hubiera gustado, por así decirlo, que te hubiera ocurrido algo así, porque en ocasiones los hijos han vivido para sufrimiento y pena de sus padres. ¡Ah, joven amigo, en algunos casos más valdría que tu madre te hubiera visto perecer en el parto que vivir para deshonrar el nombre de tu padre! Amigo, más te hubiera valido que la procesión hubiera ido serpenteando por las calles, llevando tu cadáver hacia la tumba, que vivir para blasfemar al Dios de tu madre y reírte del Libro que ella atesora. Si este es tu caso, mejor para ti es que no hubieras nacido nunca, y también sería lo mejor para tus padres. Sin embargo, querido amigo, incluso esto está destinado a acercarnos a Cristo.

No debemos hacer ídolos de nuestros hijos, y no nos atrevemos a hacerlo cuando vemos cuán manifiestamente Dios nos muestra que, al igual que nosotros mismos, ellos por naturaleza son hijos de ira. Más afilado que colmillo de víbora es un hijo desagradecido, pero el veneno se convierte en medicina en la mano de Dios. Debes ver estas pruebas familiares como invitaciones de parte de Dios, como una afable compulsión a buscar su rostro.

Muchas personas están afligidas de otra manera, la cual es quizás tan mala como cualquier otra: una profunda depresión de espíritu. Ellas siempre están melancólicas; no saben por qué. No hay estrellas en la noche para esta gente, y el sol no brinda luz durante el día; la melancolía les ha marcado como de su propiedad. Pero creo que esto es a menudo el medio de mantener a algunos más cerca de Dios de lo que estarían. Demasiadas golosinas enferman a los niños, y muchos compuestos amargos son buenos tónicos. Algunos cutis delicados necesitan un velo para que el sol no los mire con demasiada fiereza; podría ser que estos dolientes necesiten el velo del dolor. Es bueno que hayan sido afligidos, incluso con esta pesada depresión de espíritu, porque esto los mantiene cerca de su Dios.

Luego existe otra aflicción, que Dios nos oculte su rostro; ¡qué difícil es soportar esto, pero cuán beneficioso! Si no nos mantenemos cerca de nuestro Señor, Él seguramente ocultará su rostro.

Seguramente has visto a una madre caminando con su hijito cuando este aprende a caminar y, al pasar ella por la calle, el pequeño va unas veces por la derecha y otras por la izquierda, y la madre se esconde por un momento. Entonces el niño mira alrededor buscando a la madre y empieza a llorar, y luego la madre aparece. ¿Cuál es el efecto de esta acción? Pues que el pequeño no volverá a alejarse otra vez de su mamá; sin duda, después la agarrará de las manos. Así mismo, cuando nos alejamos de Dios, Él oculta el rostro, y entonces, ya que lo amamos, comenzamos a llorar detrás de Él; y cuando nos vuelve a mostrar el rostro nos aferramos de Dios con mayor amor que nunca antes. De este modo, el Señor se complace en bendecir nuestras aflicciones.

Ahora bien, cristiano, ¿qué pasa con todo esto? ¿Por qué suceden así las cosas? ¿Te encuentras ahora mismo en algún problema agudo? Entonces oro porque acudas a Dios tal como Joab fue a ver a Absalón. Haz de esta una temporada especial de humillación y búsqueda de todo corazón. Ahora deja que todo pecado que te asedia sea expulsado.

Cuando Dios pasa rápidamente, ¿lo buscas? Cuando estás bajo la vara, te corresponde hacer una confesión completa de ultrajes pasados y orar por ser liberado del poder de estas ofensas en el futuro. ¿O no tienes ninguna prueba hoy, hermano mío? Entonces revisa si no hay algo que Dios podría provocar por medio del Espíritu Santo, a fin de enviar una prueba y comenzar ahora a purgarte de toda inmundicia de la carne y el espíritu. Es mejor prevenir que curar y, a veces, un examen de conciencia puede ahorrarnos muchos dolores de cabeza. Hagamos caso, entonces.

¿O hemos estado afligidos y ya terminó la aflicción? Entonces bendigamos a Dios por todo lo que ha hecho, diciendo: «Es para mi bien que me hayas afligido». Unámonos en un himno común de alabanza por todas las bondades que a Dios le ha placido mostrarnos en los cortes agudos de su vara. Dios ha quemado nuestro campo de cebada, querido amigo; ahora acudamos a Él, y mientras más podamos acercarnos y aferrarnos de Él, mejor para la salud de nuestra alma y el consuelo de toda nuestra vida. Al final, tú y yo cantaremos alabanzas a nuestro Dios que nos aflige.

PARA LOS PECADORES

Dios también ha enviado a buscarte, persona inconversa. Te ha llamado a menudo. Tal vez, temprano en tu niñez las oraciones de tu madre trataron de atraerte al amor de un Salvador, y las primeras instrucciones de tu piadoso padre fueron como una red en la que deseaba que fueras atrapado. Pero te saliste de la red y has vivido para pecar allá afuera y hacer realidad las primeras impresiones y promesas juveniles. Desde entonces has sido llamado a menudo bajo el ministerio. No todos nuestros sermones han sido tiros desviados del blanco, pues a veces quizás uno se abrió paso hacia tu conciencia y te puso a temblar. Pero, ¡vaya!, el temblor pronto cedió ante tus antiguos pecados. Hasta ahora se te ha llamado, pero no has querido responder.

Posiblemente, también has recibido llamadas de tu Biblia, de libros religiosos, de amigos cristianos. El celo santo no está del todo muerto y se manifiesta velando por tu bienestar. Joven amigo, tal vez tu compañero te ha hablado a veces; joven amiga, tal vez tu compañera ha llorado por ti. Sin embargo, toda acción que se ha empleado hasta este momento no ha surtido efecto; eres un extraño para el Dios que te creó y un enemigo para Cristo el Salvador.

Bueno, si estos métodos amables no han servido, Dios empleará otras acciones. Quizás ya las ha intentado. Si no es así, si en el decreto divino intenta darte salvación eterna, tan seguro como que estás vivo, Él usará medidas más fuertes contigo. Si una palabra no ha servido, vendrá Dios a asestarte un golpe, aunque a Él le encanta intentar primero el poder de la palabra. Tú también, querido lector inconverso y no salvo, has tenido tus pruebas. También lloras igual que los cristianos. Puede que no llores por el pecado, pero este te hará llorar. Puede que aborrezcas el arrepentimiento debido a su aflicción, pero no escaparás del dolor, aunque escapes del arrepentimiento.

Si has padecido alguna enfermedad, ¿recuerdas esos días fatigosos en que te movías de un lado al otro y solo cambiabas de posición, pero el sufrimiento permanecía? Amigo, ¿puedes recordar tus votos, que has vivido para incumplir, y tus promesas con las que le mentiste al Dios eterno? ¿Dijiste que el reposo sería tu delicia, si fueras perdonado, que la casa de Dios y su pueblo te serían amados, y que buscarías el rostro del Señor? Pero no has hecho eso; has violado tu pacto y has despreciado la promesa que le hiciste a Dios.

¿O has tenido pérdidas en los negocios? Empezaste la vida bien y con esperanza, pero nada ha prosperado contigo. No me da pena por eso, pues recuerdo que es el impío quien se enaltece y se extiende como un laurel verde (Sal. 37:35), y en cuanto a los réprobos está escrito: «No tienen congojas por su muerte, pues su vigor está entero. No pasan trabajos como los otros mortales, ni son azotados como los demás hombres» (Sal. 73:4-5). En cierta forma, me alegra que estés atormentado. Preferiría verte azotado camino al cielo, que dirigiéndote al infierno.

Tal vez has sufrido pérdidas. ¿Qué son estas sino las toscas mensajeras de Dios para informarte que no existe nada debajo del cielo por lo que valga la pena vivir, a fin de destetarte de los pechos de la tierra y hacer que busques algo más sustancial que lo que las riquezas mundanas pueden brindarte? También has perdido amigos. ¿Puedo hacerte recordar esas tumbas aún con el césped recién puesto? No quisiera que tus heridas sangraran de nuevo, pero es por tu bien que te pido que escuches esas voces solemnes, porque te expresan: «¡Ven a tu Dios! ¡Reconcíliate con Él!». No creo que alguna vez llegarás a Jesús a menos que el Espíritu Santo emplee angustias para atraerte. El hijo pródigo no regresó hasta que tuvo hambre. Solo espero que estas aflicciones puedan ser benditas para ti.

Además de esto, quizás has experimentado depresión de espíritu; tal vez me esté dirigiendo a quien la padece ahora. No sabes cómo es este asunto, pero nada te agrada. Por ejemplo, anoche fuiste al teatro; deseaste no haber ido; no te produjo ninguna alegría y, sin embargo, en otros tiempos te sentiste muy feliz allí. Caminas en medio de tus compañeros, y el placer de un día se ha convertido para ti en una dolorosa pérdida de tiempo. Has perdido el gusto por la vida, y no lo lamento, porque esto debería hacerte buscar una vida mejor y confiar en un mundo venidero. Amigo, repito que esta es la quema de tus campos de cebada. Dios ha enviado por ti, y tú no quisiste acudir, y ahora ha enviado mensajeros que no son tan fáciles de rechazar.

¿Qué harás ahora? Si Dios te está enviando estos heraldos, ¿vas a escucharlos? En ocasiones algunas personas me producen desesperación. Dios puede salvarte, pero no puedo decirte cómo lo hará. Ciertamente, no parece probable que la Palabra sea bendecida. Se te ha llamado y suplicado; temprano y tarde se te ha rogado. Nuestros corazones te han anhelado con ternura, pero hasta ahora ha sido vano. Dios sabe que he estado martillando el granito, pero este aún no ha cedido. He golpeado el pedernal, y no se ha quebrado. En cuanto a tu aflicción, no he visto que te haya servido de nada, porque si te vuelve a golpear, te rebelarás más y más. La cabeza entera ya está enferma, y el corazón entero desfallece. Te han golpeado de tal manera que desde la coronilla hasta la planta de tus pies solo hay heridas, moretones y llagas putrefactas. Estás empobrecido, quizás a causa de tus embriagueces. Tal vez hayas perdido a tu esposa, quizás tu crueldad ayudó a matarla. Incluso puedes haber perdido a tus hijos y haber quedado como un indigente sin dinero, sin amigos e indefenso; sin embargo, ¡no quieres volverte a Dios! ¿Qué se ha de hacer ahora contigo? Oh, Efraín, ¿qué debo hacer contigo? ¿Renunciaré a ti? ¿Cómo podría abandonarte? El corazón de misericordia aún te anhela. ¡Regresa! ¡Regresa! Que Dios te ayude a volver, ¡ahora mismo!

Otras personas no han sufrido todo esto en el pasado, pero justo en este momento soportan algunos sufrimientos. Si perteneces a este grupo, por las misericordias de Dios, permite que te suplique por la sangre de nuestro Señor Jesucristo, que no desprecies a quien te habla. Dios no seguirá enviando sus mensajeros para siempre. Después que haya trabajado contigo por un tiempo, te quedarás maldiciendo. He aquí, el Rey levanta hoy día la bandera blanca del consuelo y te invita a que te acerques a Él. Mañana podría ondear la bandera roja de la amenaza y, si no respondes, izará la bandera negra de la ejecución; entonces no habrá esperanza. ¡Ten cuidado! La bandera negra aún no está ondeando; quizás la bandera roja esté ahí ahora en forma de pruebas y aflicciones, las cuales son las amenazas de Dios para ti, rogándote que abras tu corazón para que la gracia pueda entrar. Pero si la bandera roja no te hace reflexionar, vendrá la negra. ¡Podría estar a punto de llegar! Que Dios te ayude con un corazón quebrantado para clamarle que puedas ser salvo antes que la vela se apague, el sol se ponga y la noche de los muertos llegue sin la esperanza de que el sol de una bendita resurrección aparezca otra vez.

¿Cuál es el sentido de todo esto? Si ahora una palabra mía puede hacer que vuelvas al Rey en este momento (sé que no será así, a menos que el Espíritu Santo de Dios te obligue a hacerlo con su poder irresistible) y Él la bendijera, me regocijaría como aquel que encuentra un gran botín. ¿Por qué te resistes contra Dios? Si el Señor desea tu salvación eterna, tu resistencia será en vano, ¡y cómo te arrepentirás en años venideros al pensar que no debiste haber resistido tanto! ¿Por qué te resistes? El ariete de Dios es demasiado poderoso para los muros de tu prejuicio; y los hará caer. ¿Por qué te opones a tu Dios, a Aquel que te ama, que te ha amado con amor eterno y te ha redimido mediante la sangre de Cristo? ¿Por qué te levantas contra Aquel que quiere llevar cautiva tu cautividad y convertirte en su jubiloso hijo? Ojalá que el Espíritu de Dios te permita, pecador, acudir a Él tal como eres y poner tu confianza en Cristo. Si lo haces, entonces ten la seguridad de que tu nombre quedará escrito en el Libro de la Vida del Cordero, de que eres escogido de Dios, de que tienes gran valor para Él, y de que en tu cabeza resplandecerá para siempre la corona de inmortalidad.

¡Ojalá confiaras en Cristo! El gozo y la paz que esto produce en el presente bien vale todo el mundo; y vendrá la gloria, ¡la irresistible gloria que en los mundos venideros pertenecerá a quienes confían en Jesús! Su sangre tiene el poder para limpiar; su justicia puede cubrir; su belleza puede adornar; su oración puede preservar; su advenimiento glorificará; su cielo te hará bendecido. ¡Confía en Él! Que Dios te ayude a confiar en Él, quien recibirá toda la alabanza, ahora y para siempre. Amén y amén.

La mayor de todas las pruebas registradas

RESUMEN:
La prueba más importante y horrible conocida
para el ser humano es la del Señor Jesucristo. A
lo largo de toda su aflicción, el Señor Jesús solo
busca cumplir la voluntad del Padre mientras sufre a
manos de pecadores. Cristo muestra total paciencia
y máximo dominio propio. Es en la corte de pecadores que Él manifiesta su prueba de que es el
Dios omnipotente. Incluso bajo las manos de Pilato
exhibe sumisión perfecta y extraordinario dominio
propio. Por tanto, podemos confiar plenamente
en Él.

CITAS DESTACADAS:
«Confía en Él; arrójate sobre Él. Así como una
persona se lanza a las aguas, hazlo tú. ¡Te hundes o
nadas!».

«O aceptas hoy a Cristo como tu Rey, o su sangre
estará sobre ti».

6

La mayor de todas las pruebas registradas

Se levantarán los reyes de la tierra, y príncipes
consultarán unidos contra Jehová y contra su ungido.

SALMOS 2:2

DESPUÉS QUE NUESTRO Señor fuera traicionado por el pérfido Judas, fue atado por los funcionarios que habían ido a llevárselo. Sin duda, las cuerdas fueron tensadas y retorcidas tan despiadadamente como era posible. Si creemos las tradiciones de los padres, estas cuerdas cortaban la carne incluso hasta los mismos huesos, de modo que en todo el camino desde el huerto hasta la casa de Anás quedó un rastro carmesí con la sangre de Jesús. Nuestro Redentor fue arrastrado a toda prisa a lo largo del camino que atraviesa el torrente de Cedrón. Por segunda vez se hizo semejante a David, quien pasó por ese arroyo, llorando mientras avanzaba; y tal vez fue en esta ocasión que bebió de ese riachuelo inmundo en el camino.

Como sabes, el torrente de Cedrón era aquel en que se arrojaba toda la suciedad de los sacrificios del templo, y Cristo, como si fuera algo repugnante e inmundo, debía ser conducido al negro arroyo. Jesús fue llevado a Jerusalén por la puerta de las ovejas, aquella por la que los corderos y las ovejas de la Pascua ingresaban siempre para el sacrificio. No entendieron que al hacer eso seguían al pie de la letra la importante tipología que Dios había ordenado en la ley de Moisés. Asevero que condujeron a este Cordero de Dios apresuradamente por la puerta de las ovejas hasta la casa de Anás, el ex sumo sacerdote que gozaba de gran prestigio entre los gobernantes. Aquí hicieron una visita temporal para que el sanguinario Anás se gratificara con la escena de su víctima. Luego lo llevaron a toda prisa a la casa de Caifás, donde muchos miembros del concilio se habían reunido, a pesar de lo avanzado de la noche. En brevísimo tiempo, sin duda informados por algún veloz mensajero, todos los demás ancianos se juntaron y se sentaron con gran deleite a realizar el malintencionado trabajo.

Sigamos a nuestro Señor Jesucristo, no como Pedro, de lejos, sino como Juan. Entremos con Jesús a la casa del sumo sacerdote y, cuando nos hayamos detenido allí por algún tiempo y hayamos visto a nuestro Salvador ultrajado, recorramos con Él las calles hasta llegar a la sala de Pilato y después al palacio de Herodes, y más tarde al lugar llamado «el Empedrado», donde Cristo es sometido a una deshonrosa competencia con el asesino Barrabás y donde escuchamos los aullidos del pueblo: «¡Crucifícale, crucifícale!».

Hermano, puesto que el Señor dio un mandato con relación a las cenizas y las vísceras de los sacrificios, no debemos pensar que sea trivial cualquier asunto relacionado con nuestro gran holocausto. Mi advertencia es: «Recoge los fragmentos que quedan, para que no se pierda nada». Así como los orfebres barren sus talleres para conservar incluso las limaduras de oro, así cada palabra de Jesús debería ser atesorada como muy valiosa. Pero, en realidad, la narración a la que te invito no es insignificante. Los aspectos que se han determinado desde antaño, profetizados por videntes, presenciados por apóstoles, escritos por evangelistas y publicados por los embajadores de Dios, no son asuntos de interés secundario, sino que merecen nuestra solemne y devota atención. Permitamos que nuestros corazones se asombren mientras seguimos al Rey de reyes en su senda de vergüenza y sufrimiento.

LA SALA DE CAIFÁS

Vamos entonces a la sala de Caifás. Después que la turba empujara a nuestro Señor desde la casa de Anás, llegaron al palacio de Caifás, y allí se produjo una breve pausa antes que el sumo sacerdote saliera a interrogar al prisionero. ¿Cómo transcurrieron esos tristes minutos? ¿Se le permitió a la pobre víctima una pequeña pausa para ordenar sus pensamientos, a fin de que pudiera enfrentar con calma a sus acusadores? Todo lo contrario; Lucas narra la atroz historia: «Y los hombres que custodiaban a Jesús se burlaban de él y le golpeaban; y vendándole los ojos, le golpeaban el rostro, y le preguntaban, diciendo: Profetiza, ¿quién es el que te golpeó?» (Lc. 22:63-64).

Los alguaciles hicieron la pausa hasta que el presidente del tribunal se dignara entrevistar al prisionero y, en lugar de permitir que el acusado descansara un poco antes de un juicio tan importante, se dedicaron todo el tiempo a descargar su amarga perversidad sobre Él. Observa cómo lo agravian por la afirmación que Él hiciera de ser el Mesías. Le vendan los ojos y luego, golpeándolo uno tras otro, le piden que ejerza su don profético con el fin de divertirse y de que les profetizara quién lo golpeó. ¡Dios mío! ¡Qué acción tan vergonzosa! Cuán compasivo fue el silencio, porque una respuesta pudo haberlos marchitado para siempre.

Llegará el día en que todos los que atacan a Cristo descubrirán que Él los ha visto, aunque hayan creído que tenía los ojos vendados. Llegará el día en que será publicado delante de los ojos de la humanidad y de los ángeles todo cuanto los blasfemos, mundanos y despreciables han cometido contra la causa de Cristo y contra el pueblo del Señor. Entonces, Él les responderá esa pregunta, contestándoles quién lo golpeó. Si tú eres de los que se han olvidado que Cristo te ve, y has maltratado a su pueblo, te aseguro que el Juez de los seres humanos no tardará en señalarte y hacerte confesar, para tu vergüenza, que atacaste al Salvador cuando agrediste su Iglesia.

Una vez concluida esta burla preliminar, el sumo sacerdote Caifás entró. De inmediato comenzó a interrogar al Señor antes del juicio público, sin duda con el fin de intentar atraparlo con sus mismas palabras. El sumo sacerdote le preguntó primero por los discípulos del Señor. No sabemos qué preguntas hizo. Nuestro Señor Jesús no respondió una sola sílaba en este momento. ¿Por qué este silencio? Porque a nuestro Abogado no le corresponde acusar a sus discípulos. Pudo haber contestado: «Los cobardes me abandonaron; cuando uno demostró ser un traidor, los demás pusieron los pies en polvorosa. Allá afuera hay uno, sentado junto a la hoguera, calentándose las manos, el mismo que me acaba de negar con juramento». Pero no, el Señor no pronunciaría una sola palabra de acusación. Aquel cuyos labios son poderosos para interceder por su pueblo nunca hablará en su contra. Dejemos que Satanás calumnie, pero Cristo suplica.

A continuación, el sumo sacerdote le preguntó a Jesús con relación a su doctrina, si lo que enseñaba no estaba en contradicción con las enseñanzas originales del gran legislador Moisés, y si Cristo no se había ensañado contra los fariseos, injuriado a los escribas ni desenmascarado a los gobernantes. El Maestro dio una noble respuesta. La verdad nunca es vergonzosa; Él valientemente señala su vida pública como su mejor respuesta. «Yo públicamente he hablado al mundo; siempre he enseñado en la sinagoga y en el templo, donde se reúnen todos los judíos, y nada he hablado en oculto. ¿Por qué me preguntas a mí? Pregunta a los que han oído, qué les haya yo hablado; he aquí, ellos saben lo que yo he dicho» (Jn. 18:20-21). Sin apariencias, sin ningún intento de evasión; la mejor armadura para la verdad es su propio pecho desnudo. Él había predicado en las plazas de mercado, en la cima del monte y en el atrio del templo; nada había hecho en oculto.

Feliz el hombre que puede hacer tan noble defensa. ¿Dónde puede la flecha perforar al ser humano con un arsenal tan completo? Poco ganó el archiconocido Caifás con su astuto interrogatorio. Durante el resto de la interpelación, nuestro Señor Jesús no dijo una palabra en defensa propia. Sabía que de nada le valía a un cordero suplicar a los lobos. Era muy consciente de que todo lo que dijera sería malinterpretado y se convertiría en una fuente de acusación. Además, Él deseaba cumplir la profecía: «Como cordero fue llevado al matadero; y como oveja delante de sus trasquiladores, enmudeció, y no abrió su boca» (Is. 53:7). Sin embargo, ¡qué poder ejerció al permanecer en silencio!

Tal vez nada muestra más plenamente la omnipotencia de Cristo que esta virtud de dominio propio. ¿Control de la Deidad? ¿Qué poder menos que divino puede intentar esa tarea? He aquí, hermano mío, el Hijo de Dios hace más que gobernar los vientos y elogiar a las olas; Él se refrena. Y cuando una palabra, un susurro, habría refutado a sus enemigos y los habría arrastrado a su destrucción eterna, «no abrió su boca». Aquel que abrió su boca a favor de sus enemigos no pronunció una palabra a favor de sí mismo. Si alguna vez el silencio fue más que el oro, resultó ser en este profundo silencio bajo infinita provocación.

Durante este examen preliminar, nuestro Señor sufrió un ultraje que es necesario mencionar. Cuando declaró: «Pregunta a los que han oído», una persona muy entrometida entre la multitud le dio una bofetada. Pues bien, si consideramos que nuestro bendito Señor padeció tanto, este incidente podría parecer sin importancia, solo que resulta ser un tema profético en Miqueas 5:1: «Con vara herirán en la mejilla al juez de Israel». Este castigo durante el juicio es peculiarmente atroz. Golpear a alguien mientras alega su propia defensa sería sin duda una violación de las leyes, incluso de los bárbaros. La sangre de Pablo le bajó por el rostro y le hizo perder el equilibrio cuando el sumo sacerdote ordenó que lo golpearan en la boca. Me parece oír las palabras de ardiente indignación del apóstol: «¡Dios te golpeará a ti, pared blanqueada! ¿Estás tú sentado para juzgarme conforme a la ley, y quebrantando la ley me mandas golpear?» (Hch. 23:3). Qué pronto el siervo pierde los estribos; y más que gloriosa es la mansedumbre del Maestro. Qué contraste nos brindan estas amables palabras: «Si he hablado mal, testifica en qué está el mal; y si bien, ¿por qué me golpeas?» (Jn. 18:23).

Ahora todo el tribunal está en sesión; los miembros del gran concilio se encuentran todos en sus diversos lugares y Cristo está sometido a juicio público delante del más exaltado tribunal eclesiástico, aunque este ya ha llegado a una conclusión anticipada por las buenas o las malas de que lo encontrarían culpable. Recorren el vecindario en busca de testigos, individuos que se hallaban en Jerusalén dispuestos a ser comprados por ambas partes y, dependiendo del pago que les dieran, jurarían cualquier cosa. Pero, a pesar de esto, aunque los testigos ya estaban listos para cometer perjurio, no lograban ponerse de acuerdo entre sí; al confrontarlos por separado, sus relatos no coincidían. Por fin aparecieron dos testigos con algún grado de similitud en sus declaraciones; ambos eran mentirosos, pero en esta ocasión los dos expresaron el mismo argumento. Declararon que Jesús había dicho: «Yo derribaré este templo hecho a mano, y en tres días edificaré otro hecho sin mano» (Mr. 14:58). Bueno, aquí hubo en primer lugar una cita incorrecta. Jesús nunca dijo: «Yo derribaré este templo». Sus palabras fueron: «Destruid este templo, y en tres días lo levantaré» (Jn. 2:19). Observa cómo ellos añaden a las palabras de Jesús y las tergiversan para sus propios fines. Además, no solo citaron mal las palabras, sino que tergiversaron el sentido, porque Él hablaba del templo de su cuerpo, y no del templo literal en que los judíos adoraban. Debían saber esto. El Señor manifestó: «Destruid este templo», y la acción que acompañó las palabras podría haberles mostrado que se refería a su propio cuerpo, que fue levantado por su gloriosa resurrección después de la destrucción en la cruz.

Añadamos que, aunque fue tergiversado, el testimonio no era suficiente como fundamento de una acusación capital. Seguramente no podía haber nada digno de muerte en que alguien dijera: «Destruid este templo, y en tres días lo levantaré». Pero cuando las personas han decidido odiar a Cristo, lo odiarán sin causa alguna. Hoy día hay muchos adversarios de Cristo, y los hay por todas partes; sé que intentan inventar alguna excusa para oponerse a la santa religión del Señor, pero saben que su testimonio no es cierto, y su juicio de conciencia por el que hacen pasar al Salvador no es más que una burla. Sométete a Él ahora mismo.

Como el testimonio de ellos, aunque distorsionado al máximo, no era suficiente, el sumo sacerdote, a fin obtener (algún) motivo de acusación, conjuró a Jesús por el Dios viviente que respondiera si Él era el Cristo, «el Hijo de Dios» (Mt. 26:63). Al habérsele ordenado, nuestro Maestro no nos daría un ejemplo de cobardía. Contestó: «Tú lo has dicho», y luego, para mostrar lo plenamente que sabía que esto era cierto, añadió: «Además os digo, que desde ahora veréis al Hijo del Hombre sentado a la diestra del poder de Dios, y viniendo en las nubes del cielo» (v. 64). No puedo entender qué hacen los unitarios con este incidente. Cristo fue condenado a muerte acusado de blasfemia por haberse declarado Hijo de Dios. ¿No era ese el momento para que cualquier persona sensata negara la acusación? Si Jesús no hubiera afirmado realmente ser el Hijo de Dios, ¿no habría hablado ahora? Pero no, Él lo sella con su sangre; da testimonio franco delante de la jauría de acusadores.

Ahora todo está hecho. Ellos no quieren más evidencia. El juez, olvidando la imparcialidad que corresponde a su posición, finge estar asombrosamente impresionado por el horror, se rasga las vestiduras, se vuelve hacia sus asesores para preguntarles si necesitan más testigos, y ellos, demasiado dispuestos, levantan las manos en señal de unanimidad; entonces Jesús es de inmediato condenado a muerte. ¡Ah!, hermano mío, tan pronto como lo condenó, el sumo sacerdote bajó de su estrado y le escupió el rostro, y el concilio en pleno lo siguió y abofeteó a Cristo. Entonces lo vuelven hacia la chusma reunida en el tribunal, la cual lo abofetea, le escupen las benditas mejillas y lo golpean. Le vendan los ojos por segunda vez, lo colocan en una silla y mientras le dan puñetazos le gritan: «Profetízanos, Cristo, quién es el que te golpeó». Así, el Salvador pasó una segunda vez por ese trato brutal e ignominioso. Si nos quedaran lágrimas, tendríamos compasión, si tuviéramos corazones, deberíamos prepararnos para derramar esas lágrimas a fin de despertar tal solidaridad y abrir ahora mismo esos corazones. ¡Oh, Señor de la vida y la gloria, cuán vergonzosamente fuiste tratado por aquellos que pretendían ser los administradores de la santa verdad, los conservadores de la integridad y los maestros de la ley!

Después de bosquejar el juicio tan brevemente como pude, déjame decir que, a lo largo de todo este proceso delante del tribunal eclesiástico, es evidente que ellos hicieron todo lo posible por despreciar las dos afirmaciones del Señor: su deidad y su condición mesiánica. Ahora bien, en este momento, tú y yo debemos situarnos en uno de los dos lados. O bien este día reconocemos con alegría la deidad de Jesús y también lo aceptamos como el Mesías, el Salvador que nos fue prometido desde la antigüedad, o bien tomamos partido con los adversarios de Dios y de su Cristo. ¿Te preguntarás de qué lado te pondrás ahora?

Te suplico que no pienses que la deidad de Cristo necesita más prueba de la que ofrece este tribunal. Mi querido amigo, no hay religión debajo del cielo, ninguna religión falsa, que se haya atrevido a aventurar tal declaración, pues este Hombre a quien escupieron y abofetearon era nada menos que el Dios encarnado. Ninguna religión falsa se atrevería hasta este punto a recurrir a la credulidad de sus seguidores. ¡Qué! Ese Hombre allí que no pronuncia una sola palabra, de quien se burlan, a quien desprecian, rechazan y humillan, es ¡qué! ¿El «único y verdadero Dios»? No encuentro a Mahoma, ni a ningún falso profeta, pidiendo a alguna persona que crea una doctrina tan extraordinaria. Ellos saben muy bien que existe un límite incluso para la fe humana y no se han aventurado a hacer una declaración tan maravillosa como esta: que este Hombre despreciado no es ningún otro que el sustentador de todas las cosas. Ninguna religión falsa habría enseñado una verdad tan humillante para Aquel que es el fundador y Señor. Además, ninguna religión de creación humana cuenta con el poder de haber concebido tal pensamiento. ¡Esa deidad se sometió voluntariamente a ser escupida para redimir a aquellos cuyas bocas soltaron los escupitajos! ¿En qué libro lees una maravilla como esta?

Tenemos imágenes extraídas de la imaginación; nos hemos encantado con páginas románticas y nos hemos maravillado con los vuelos creativos del ingenio humano; sin embargo, ¿dónde leíste un pensamiento como este? «Aquel Verbo fue hecho carne, y habitó entre nosotros» (véase Jn. 1:14). Él fue despreciado, flagelado, escarnecido, considerado «como la escoria del mundo, el desecho de todos» (1 Co. 4:13), tratado brutalmente, peor que un perro, y todo por puro amor a sus enemigos. ¡Vaya!, ¡el pensamiento es tan grandioso, tan de Dios, la compasión en este es tan divina que debe ser cierta! Nadie más que Dios pudo haber ideado tal cosa como rebajarse desde el más alto trono en gloria hasta la cruz de la más profunda vergüenza y aflicción.

¿Y piensas que si la doctrina de la cruz no fuera cierta se derivarían de ella tales efectos? ¿Serían esas islas del Mar del Sur, una vez enrojecidas con la sangre del canibalismo, la morada actual del cántico sagrado y de la paz? ¿Sería esta isla lo que es, por la influencia del benigno evangelio de Dios, si ese evangelio fuera una falacia? La verdad no es imaginaria. Y que Él es el Mesías, ¿quién lo dudará? Si Dios enviara un profeta, ¿cuál sería el mejor que podrías querer? ¿Qué personaje buscarías que se manifestara más completamente humano y divino? ¿Qué clase de Salvador desearías? ¿Qué podría satisfacer mejor los anhelos de la conciencia? ¿Quién podría encomendarse más plenamente a los afectos del corazón? Él debe ser, lo sentimos al instante, al verlo, uno solo por sí mismo, sin ningún competidor. Él debe ser el Mesías de Dios.

Vamos ahora, amigo, ¿de qué lado te pondrás? ¿Lo golpearás? Podrías contestar: «No lo golpearé, pero no lo acepto ni creo en Él». Al decir eso lo estás golpeando. También podrías objetar: «No lo odio, pero no soy salvo por medio de Él». Al rechazar su amor lo lastimas. Ese varón de dolores se encuentra en la habitación, en el lugar y la posición de cada persona que cree en Él. ¡Confía en Jesús! ¡Confía en Él! Entonces lo habrás aceptado como tu Dios, como tu Mesías. ¿Te niegas a confiar en Él? Pues lo habrás azotado; y podrías creer que es muy poco hacer esto hoy día, pero cuando Jesús cabalgue sobre las nubes del cielo verás tu pecado a su luz verdadera y te estremecerás al pensar que alguna vez pudiste haber rechazado a quien ahora reina: El «Rey de reyes y Señor de señores» (Ap. 19:16). ¡Que Dios te ayude a aceptarlo hoy como tu Dios y Cristo!

FRENTE A LOS ROMANOS

Los romanos habían quitado a los judíos el poder de dar muerte a una persona. En ocasiones, estos últimos aún lo seguían haciendo, pero lo hacían, como en el caso de Esteban, por medio de un tumulto popular. Pues bien, en el caso de nuestro Salvador no podían hacer esto porque aún había entre el pueblo un fuerte sentimiento a favor de Cristo, un sentimiento tan arraigado que, si los gobernantes no hubieran sobornado a algunos de ellos, nunca habrían exclamado: «¡Crucifícale, crucifícale!». Recordarás que los sacerdotes y dirigentes no arrestaron a Jesús en el día de la fiesta, pues explicaron: «Para que no se haga alboroto en el pueblo» (Mt. 26:5).

Además, la manera judía de dar muerte a alguien era por lapidación. Por tanto, a menos que hubiera una cantidad suficiente de personas que lo odiaran, no se le podía dar muerte en absoluto. Por eso se escogió el método de apedrear hasta la muerte, porque si generalmente se consideraba inocente a una persona, muy pocos la lapidarían; y aunque quedara algo mutilada, posiblemente se le perdonaría la vida. Así que los dirigentes creyeron que el Salvador podría escapar como hizo en otras ocasiones en que tomaron piedras para lapidarlo. Además, deseaban someterlo a la muerte de los malditos; querían confundirlo con los esclavos y criminales; por tanto, lo arrastraron hasta donde Pilato.

La distancia era como de kilómetro y medio. Lo ataron en la misma forma cruel y, sin duda, las cuerdas le cortaron la carne. Jesús ya había sufrido terriblemente: recuerda el sudor con sangre en el huerto de Getsemaní. Luego recuerda que ya lo habían golpeado dos veces; y ahora lo mueven aprisa, sin ningún descanso o refrigerio, justo cuando está amaneciendo. Él está atado, y luego lo arrastran por el camino. Aquí los escritores romanos aportan gran cantidad de particulares de angustia sacados de sus fértiles imaginaciones.

Después que llevaran allí a Jesús se presentó una dificultad. Estos santos individuos, estos ancianos adalides de la justicia, no podían encontrarse en la compañía de Pilato porque, al ser este un gentil, los contaminaría. Había un amplio espacio fuera del palacio, como una plataforma elevada donde Pilato solía sentarse en esos días festivos para no tocar a esos venerables judíos. Así que él salió al Enlosado y ellos no tuvieron que entrar al pasillo. Fíjate siempre que los pecadores que pueden tragar camellos colarán los mosquitos; las multitudes humanas que pueden cometer grandes pecados tienen mucho miedo de cometer algunas pequeñeces que creen que les afectaría su religión. Es más, la mayoría de hipócritas corren a refugiarse en alguna observancia estricta de días, ceremonias y acatamientos, cuando han despreciado los asuntos más importantes de la ley.

Pilato recibe a Jesús atado. La acusación presentada contra él no era, desde luego, blasfemia. Pilato se habría reído de tal denuncia y habría rechazado toda interferencia. A Jesús lo acusaban de incitar una sedición, al pretender ser un rey y enseñar que no era correcto pagar tributo al César. Esta última imputación era una mentira clara

LA MAYOR DE TODAS LAS PRUEBAS REGISTRADAS

y manifiesta. ¿Acaso no envió el Señor el dinero en boca del pez? ¿No les dijo a los herodianos: «Dad, pues, a César lo que es de César»? (Mt. 22:21). ¿Provocó una sedición el Hombre que no tenía «dónde recostar la cabeza»? (Lc. 9:58). ¿Pretendió arrebatar la diadema del César el Hombre que se ocultó cuando el pueblo lo habría hecho rey por la fuerza? Nada puede ser más abominablemente falso.

Pilato lo examina y descubre al instante, tanto por el silencio como por la respuesta de Jesús, que Él es la persona más extraordinaria que existe; percibe que el reino que el Señor reclama es de carácter sobrenatural; no puede entender esto. Le pregunta por qué vino al mundo; la respuesta lo desconcierta y lo asombra: «Para dar testimonio a la verdad» (Jn. 18:37). Ahora bien, eso era algo que ningún romano entendía, porque cien años antes que viniera Pilato, Jugurta afirmó que Roma era «una ciudad en venta». Soborno, corrupción, falsedad, traición, villanía, estos eran los dioses de Roma, y la verdad había huido de las siete colinas; apenas se conocía el significado de la palabra.

Entonces, Pilato dio media vuelta y preguntó: «¿Qué es la verdad?» (v. 38). Fue como si dijera: «Soy el procurador de esta parte de la nación; lo único que me importa es el dinero; por tanto, ¿dónde se encuentra la verdad?». No creo que él formulara esta pregunta como si deseara en serio saber qué era realmente, pues sin duda habría esperado la respuesta divina y no se hubiera alejado de Cristo un instante después. En realidad espetó: «¡Bah! ¿Qué es la verdad?». Sin embargo, había algo tan horrible acerca del prisionero que tanto el sueño como el mensaje de la esposa de Pilato actuaron en los temores supersticiosos de este gobernante sin carácter. Por tanto, regresó donde los judíos y les declaró por segunda vez: «Yo no hallo en él ningún delito» (v. 38). Cuando ellos replicaron: «Alborota al pueblo, enseñando por toda Judea, comenzando desde

Galilea hasta aquí», le llamó la atención la palabra «Galilea». Sin duda alguna pensó: *Bueno, me libraré de este hombre; los judíos se saldrán con la suya, pero yo no seré culpable.* Y les dijo: «¿Galilea? Esa es jurisdicción de Herodes; lo mejor es que se lo lleven a Herodes de inmediato». Así Pilato se ganó dos o tres puntos. Se hizo amigo de Herodes y esperó quedar exonerado de su delito y complacer a la turba. Entonces ellos acudieron a Herodes.

¡Vaya! Me parece ver otra vez a este bendito Cordero de Dios acosado por las calles. ¿Habías leído alguna vez una historia semejante? Ningún mártir fue jamás atormentado como lo fue el Salvador. No debemos creer que todas sus agonías se limitaron a la cruz; fueron soportadas en esas calles, entre innumerables golpes, patadas y puñetazos que debió resistir.

Llevaron a Jesús ante Herodes, quien al haber oído hablar de sus milagros pensó ver algo prodigioso, alguna especie de malabarista que actuaría para él. Y cuando Cristo no quiso hablar absolutamente nada, ni suplicar delante de «aquella zorra», Herodes lo trató con desprecio. Una vez más fue menospreciado. ¿Puedes imaginar la escena? Herodes, sus capitanes, sus lugartenientes, todos hasta los soldados rasos se burlaron del Salvador. Mira las mejillas del Señor, todas magulladas por los golpes que han recibido: ¿Es ese el color de la tez de la realeza? Ellos expresan: «Obsérvenlo. Está demacrado, cubierto de sangre, como si hubiera estado sudando gotas de sangre toda la noche. ¿Es esa la púrpura imperial?». Así se burlaban del Señor y le despreciaban su realeza. Y Herodes indicó: «Traigan ese costoso manto blanco; ustedes saben cuál, si Él es un rey, vistámoslo como corresponde», y le pusieron el manto, no el color púrpura que Pilato le puso después.

A Jesús le pusieron dos mantos: uno por parte de los judíos, el otro por los gentiles; al parecer es apropiado el pasaje de Cantares 5:10, en que la esposa expresa: «Mi amado es blanco y rubio». Blanco con el magnífico manto que lo caracterizaba como Rey de los judíos, y luego rubio con el manto púrpura que después Pilato le colocó sobre los hombros, lo que demostraba que también era el Rey de las naciones. Así, tanto Herodes como sus hombres de guerra, luego de tratarlo tan despectivamente como pudieron, se lo volvieron a enviar a Pilato. Este es otro viaje en medio de esas calles, otra escena de vergonzoso disturbio, amargo escarnio y crueles azotes. De modo, hermano mío, que Jesús experimenta cien muertes; no se trata de una sola, es muerte sobre muerte lo que el Salvador soporta mientras es arrastrado de tribunal en tribunal.

Ellos llevan por segunda vez a Jesús ante Pilato, quien está de nuevo ansioso por salvarlo y afirma que lo liberará. Pero ellos replican: «No, no», y vociferan cada vez más y más. Pilato propone una cruel alternativa, que sin embargo fingía ser tierna misericordia. «Le soltaré, pues, después de castigarle» (Lc. 23:16). Lo entregó a sus lictores para ser azotado. El azote romano era un instrumento aterrador. Estaba hecho de tendones de buey y de pequeños trozos afilados de hueso, los cuales ocasionaban las más espantosas laceraciones. Entrelazadas entre los tendones colocaban pequeñas astillas afiladas de hueso, de modo que, cada vez que el látigo golpeaba, esos trozos de hueso entraban directamente en la carne y la arrancaban en largas tiras; y junto con la carne se desgarraban las venas. El Salvador estaba atado a la columna y así fue golpeado. Antes lo habían azotado, pero este azote del lictor romano fue tal vez la más severa de las flagelaciones que experimentó.

Después que Pilato hiciera azotar a Cristo, lo entregó a los soldados por un breve tiempo a fin de completar las burlas y atestiguar que Pilato no tenía idea de la realeza de Jesús ni complicidad en ninguna supuesta traición. Los soldados le pusieron en la cabeza una corona de espinas, se inclinaron delante de Él, lo escupieron y le colocaron una caña en las manos. Le clavaron la corona de espinas en la sien y lo cubrieron con un manto púrpura. Luego Pilato lo llevó afuera y exclamó: «¡He aquí el hombre!» (Jn. 19:5). Creo que lo hizo por piedad. Pudo haber pensado: *Ya lo herí y lo corté en pedazos, pero no lo mataré; verlo así les conmoverá los corazones.* ¡Oh! Ese *Ecce Homo* debió haberles derretido los corazones, si Satanás no los hubiera endurecido más que el pedernal y el acero. Pero no fue así, sino que gritaron: «¡Crucifícale! ¡Crucifícale!».

Entonces Pilato los escucha de nuevo, y ellos cambian su señalamiento: Él blasfemó «porque se hizo a sí mismo Hijo de Dios» (Jn. 19:7). Esta acusación no surtió el efecto deseado, porque le despertó una vez más la superstición a Pilato y le dio más miedo de matar a Jesús. Luego sale nuevamente y les explica: «Ningún delito digno de muerte he hallado en él». ¡Qué contienda más fuerte entre el bien y el mal había en el corazón de este hombre! Pero los dirigentes judíos volvieron a gritar: «Si a este sueltas, no eres amigo de César» (Jn. 19:12). Esta vez dieron en el blanco, y Pilato cedió al clamor de ellos. Pide que le pasen agua y se lava las manos delante de todos ellos y expresa: «Inocente soy yo de la sangre de este justo; allá vosotros» (Mt. 27:24). ¡Qué manera tan cobarde de escapar! Tal agua no podía lavar la sangre de las manos del procurador romano, a pesar de que ellos pidieron que la sangre de Cristo cayera sobre ellos y sus hijos (v. 25).

Una vez hecho esto, Pilato da el último paso desesperado de volver a sentarse en el Enlosado; condena a Jesús y ordena que se lo lleven. Pero antes de llevárselo para ejecutarlo, los perros de guerra volverán a atacarlo. Los judíos, sin duda después de sobornar a los soldados con un excesivo celo por escarnecerlo, por segunda vez se lo vuelven a llevar, y de nuevo se burlan de Él, una vez más lo escupen y lo tratan en forma vergonzosa. Así que, como puedes ver, hubo humillación la primera ocasión en que fue llevado a la casa de Caifás; luego, después que fuera condenado allí; más adelante con Herodes y sus hombres de guerra; luego con Pilato tras la flagelación; y después con los soldados, posteriormente a la última condena.

Aquí puedes ver la sucesión manifiesta: «Despreciado y desechado entre los hombres, varón de dolores, experimentado en quebranto; y como que escondimos de él el rostro, fue menospreciado, y no lo estimamos» (Is. 53:3). No sé cuándo he deseado ser más elocuente que ahora mismo. Les hablo a mis propios labios, exclamando: «¡Ojalá que estos labios tuvieran el lenguaje digno de la ocasión!». Apenas logro bosquejar la escena. No puedo poner los brillantes colores. Ojalá yo pudiera explicar el dolor del Varón de dolores. Que el Espíritu Santo lo grabe en nuestros recuerdos y en nuestras almas, y que nos ayude dolorosamente a considerar los sufrimientos de nuestro bendito Señor.

> O aceptas hoy a Cristo como tu Rey, o su sangre estará sobre ti.

Ahora dejaré este punto, una vez que le haya hecho esta aplicación práctica. Recuerda, querido amigo, que este día, tan ciertamente como en esa madrugada, debe hacerse una división entre nosotros. O aceptas hoy a Cristo como tu Rey, o su sangre estará sobre ti. Presento a mi Maestro delante de tus ojos y te digo: «He aquí tu Rey». ¿Estás dispuesto a rendirle obediencia? Él reclama primero tu fe implícita en su mérito; ¿te someterás a eso? A continuación reclama que lo aceptes como el Señor de tu corazón y que, así como se enseñoreará por dentro, también se enseñoree por fuera. ¿Será esta tu decisión? ¿Lo elegirás ahora? ¿Declara el Espíritu Santo en tu alma: «Dobla las rodillas y acéptalo como tu Rey»? Gracias a Dios, entonces. Pero si no es así, su sangre estaría sobre ti para condenarte. Lo habrías crucificado. Pilato, Caifás, Herodes, los judíos y los romanos, todos se encontrarían en ti. Lo habrías azotado; exclamarías: «¡Crucifícalo!». No digas que no fue así. Al rechazarlo, te unirías a los clamores de ellos. Ven a la fuente de la sangre de Cristo, lávate y sé limpio.

DELANTE DEL PUEBLO

Cristo fue sometido a un tercer juicio. No solo fue juzgado delante de los tribunales eclesiástico y civil, sino que fue juzgado delante del gran tribunal demócrata, es decir, la asamblea del pueblo en la calle. Podrías decir: «¿Qué?». Bueno, el juicio fue de alguna manera singular, pero, sin embargo, fue realmente un juicio. Barrabás (ladrón, criminal, asesino, traidor) había sido capturado. Es posible que perteneciera a una banda de asesinos que solían subir a Jerusalén en el tiempo de la fiesta, llevando dagas debajo de sus ropas para acuchillar a peregrinos entre la multitud y robarles. Luego él se iría otra vez. Además de eso, Barrabás había tratado de provocar una sedición, erigiéndose posiblemente como jefe de los bandidos. A Cristo lo pusieron en competencia con este villano. Los dos fueron presentados ante la mirada popular y para vergüenza de la masculinidad, para desgracia de la descendencia de Adán, el perfecto, amoroso, tierno, compasivo y desinteresado Salvador fue recibido con la exclamación: «¡Crucifícale!». Y Barrabás, el ladrón, resultó el favorecido. Lo mismo está puesto delante de ti en esta ocasión, lo mismo, y todo individuo no regenerado toma la misma decisión que los judíos tomaron, y solamente las personas renovadas por la gracia actuarán según el principio contrario.

Te digo, amigo, que este día pongo delante de ti a Cristo Jesús o tus pecados. La razón por la que muchos no llegan a Cristo es porque no pueden renunciar a sus lujurias, sus placeres, sus beneficios. El pecado es Barrabás; el pecado es un ladrón; despojará de vida a tu alma; le robará a Dios su gloria. El pecado es un asesino; apuñaló a nuestro padre Adán; mató nuestra pureza. El pecado es un traidor; se rebela contra el Rey del cielo y la tierra. Si prefieres el pecado antes que Cristo, has puesto a Cristo en tu tribunal y has demostrado en tu veredicto que el pecado es mejor que Cristo.

No llegamos a Cristo a causa de la maldad de nuestra naturaleza y la depravación de nuestro corazón; y esta es la perversión de tu corazón: que prefieras las tinieblas a la luz, que pongas lo amargo por dulce, y que elijas lo malo como tu bien. Bueno, imagino a alguien diciendo: «¡Oh! Yo estaría en el lado de Jesucristo, pero no vería las cosas desde esa perspectiva. Pensé que la pregunta era: "¿Estaría Él de mi lado?". Soy un pobre pecador culpable que de buena gana me pararía en cualquier parte con tal que la sangre de Jesús me lavara». ¡Pecador! ¡Pecador! Si hablas así, entonces me reuniré alegremente contigo. Nunca un individuo fue uno con Cristo a menos que Cristo fuera uno con él.

> Confía en Él; arrójate sobre Él. Así como una persona se lanza a las aguas, hazlo tú. ¡Te hundes o nadas!

No puedes estar dispuesto a llegar a Cristo y que, sin embargo, Él te rechace. Dios no permita que supongamos incluso la posibilidad de que algún pecador le clame al Salvador y que el Salvador manifieste: «No, no te recibiré». Alguien diría: «Bueno, entonces tendría a Cristo hoy mismo. ¿Cómo puedo hacerlo?». Lo único que se te pide que hagas es esto: ¡Confía en Él! ¡Confía en Él! Cree que Dios puso a Cristo en el lugar que la humanidad merecía; cree que lo que Él padeció fue aceptado por Dios en lugar del castigo que debía recaer sobre el ser humano; cree que ese gran equivalente por el castigo puede salvarte. Confía en Él; arrójate sobre Él. Así como una persona se lanza a las aguas, hazlo tú. ¡Te hundes o nadas! Nunca te hundirás, nunca te hundirás, porque «el que oye mi palabra, y cree al que me envió, tiene vida eterna; y no vendrá a condenación» (Jn. 5:24).

7

Como un odre ahumado

RESUMEN:

La realidad de la vida cristiana es que el pueblo de Dios experimentará sus propias pruebas. Trátese de enfermedad, dolores, pobreza o muerte, las pruebas se desarrollarán en el humo. El humo está hecho de las llamas que empiezan a quemar aquello que nos importa más profundamente que Dios. Sean comodidades, empleos, o incluso hijos, las llamas de las pruebas nos ponen dentro de su humo. Lo que acompaña al humo es la verdad de que los cristianos sienten su sufrimiento; el dolor no está ausente de ellos. Sin embargo, a pesar de todo esto, la ley de Dios no los abandona a ellos ni a sus mentes en medio de sus aflicciones y los ayuda a mantenerse firmes.

CITAS DESTACADAS:

«Los preceptos del Señor son un yugo ligero y fácil; pero este es un yugo que ninguna persona puede colocar sobre sus propios hombros. Todos deben cargar los mandamientos de Cristo, y todos los que esperan ser salvados por Él deben tomar diariamente su cruz y seguirlo».

«El humo y el calor secan pronto en nosotros cada átomo de humedad. Toda nuestra esperanza se desvanece, todas nuestras fuerzas se van, y entonces sentimos que somos pecadores vacíos y anhelamos que un Cristo pleno nos salve».

«Aunque soy pobre, débil e indefenso, sé que tengo un Amigo Todopoderoso muy rico. Si puedes soportar un poco de humo, entonces puedes creer que eres un hijo de Dios».

7

Como un odre ahumado

Estoy arrugado como un odre ahumado, pero no me olvidé de obedecer tus decretos.

SALMOS 119:83 (NTV)

LA ILUSTRACIÓN DE «como un odre ahumado» es esencialmente oriental, por lo que debemos buscar una explicación en Oriente. Proporcionaremos a nuestros lectores esta explicación en las palabras del autor de *Pictorial Bible*:

Sin duda esto se refiere a un odre de cuero de cabra o de cabrito. Los campesinos de Asia guardan muchos artículos, secos y líquidos, en tales odres, los cuales por seguridad se suspenden del techo o se cuelgan de las paredes de sus humildes moradas. Allí pronto el humo los ennegrece; pues como en las viviendas de los campesinos casi nunca hay chimeneas, y el humo solo puede escapar a través de una abertura en el techo, o por la puerta, la casa se llena de humo denso siempre que el fuego se enciende. Y, en esos días y esas noches, en que las ahumadas chozas en que descansábamos a diario durante un viaje de invierno a través de Persia, Armenia y Turquía parecían hacer que el frío y el cansancio del viaje fueran un alivio, tuvimos una amplia ocasión de observar la negrura peculiar de esos odres de piel, derivada de la forma en que la superficie que se veía había recibido la total influencia del humo y retenía las diminutas partículas de hollín que se le asentaban. Cuando esos odres no contienen líquidos, y no se llenan del todo con los sólidos en su interior, adquieren un aspecto encogido y arrugado, al cual es posible que el salmista también aludiera igual que a la negrura. Pero suponemos que la idea principal se refiere a la última circunstancia, ya que en Oriente la negrura tiene un significado opuesto al feliz significado de la blancura. Sin duda, David había visto odres de esta descripción colgados en su tienda cuando andaba errante; y aunque pudo haber tenido unos cuantos en su palacio, sin duda los había visto en las chozas de su propio pueblo pobre. De ahí que David dijera de sí mismo: «Estoy arrugado», ya sea por problemas y aflicciones, por desasosiegos y persecuciones, «como un odre ahumado, pero no me olvidé de obedecer tus decretos».

En primer lugar, el pueblo de Dios experimenta sus pruebas: quedan registradas en el humo; en segundo lugar, el pueblo de Dios siente sus aflicciones: su gente se vuelve «como un odre ahumado»; en tercer lugar, el pueblo de Dios no olvida los decretos divinos ni siquiera en medio de las pruebas: «Estoy arrugado como un odre ahumado, pero no me olvidé de obedecer tus decretos».

EL PUEBLO DE DIOS EXPERIMENTA SUS PRUEBAS

Esta es una verdad antigua, tanto como los montes eternos, porque las pruebas estaban en el pacto y, ciertamente, este es tan antiguo como los montes eternos. Cuando Dios escogió a su pueblo no tenía el propósito de que fuera un pueblo no probado, que fuera elegido para tener paz y seguridad, para felicidad perpetua aquí abajo y para ser libre de enfermedades y de los estragos de la mortalidad. Antes bien, y por otro lado, cuando hizo el pacto también creó la vara del pacto. Al redactar la carta de privilegios, también transcribió la carta de castigos. Cuando nos dio el papel de herederos, puso las varas entre las cosas que inevitablemente heredaríamos.

Las pruebas son parte de nuestro destino; fueron predestinadas para nosotros en los decretos solemnes de Dios. Tan ciertamente como las estrellas son modeladas por sus manos, así seguramente nuestras pruebas son pesadas en balanzas. El Señor ha predestinado su tiempo y su lugar, la intensidad y el efecto que las aflicciones tendrán sobre nosotros. Los hombres buenos nunca deben contar con escapar de los problemas; si lo hacen, saldrán defraudados; algunos de sus predecesores han escapado de estos.

Fíjate en Job, de cuya paciencia has oído hablar. Lee bien acerca de Abraham, porque tuvo sus pruebas y por su fe bajo tales angustias se convirtió en el «padre de todos los creyentes» (Ro. 4:11). Observa también las biografías de todos los patriarcas, los profetas, los apóstoles y mártires, y no descubrirás a ninguno solo de ellos, a quienes Dios hizo «vasos de misericordia» (Ro. 9:23), que no fueran colgados como odres ahumados. Cuando nacemos de nuevo, parece como si tuviéramos un parto para dobles problemas, y doble ración de esfuerzo y dificultades le viene a la persona que tiene doble gracia y a quien se le ha conferido doble misericordia. Los hombres buenos deben experimentar sus pruebas; deben imaginar que serán como odres ahumados.

A veces, estas pruebas surgen de la pobreza de la condición de estos individuos. La pobreza es el odre en la choza a la que se le adhiere el humo, no el odre en el palacio. Así sucede con los miembros del pueblo pobre de Dios; deben esperar que tendrán humo en sus moradas. Deberíamos suponer que el humo no entra a la casa del rico, aunque incluso en este caso nuestra suposición sería falsa. Ciertamente, quizás suponemos que hay más humo donde la chimenea está mal acabada y la casa es en general de mala construcción.

Es la pobreza del árabe la que pone el humo en su odre, así también la pobreza de los cristianos es la que los expone a muchas aflicciones y, ya que el pueblo de Dios en su mayoría es pobre, es por eso que siempre en gran parte se hallará en aflicción. No encontraremos a muchos del pueblo de Dios en los rangos más elevados; no muchos de ellos serán jamás ilustres en este mundo. Hasta que vengan tiempos más felices, en que los reyes serán sus padres lactantes y reinas sus madres lactantes, debe seguir siendo cierto que Dios ha elegido a los pobres en este mundo, ricos en fe, para que sean sus herederos en el reino. La pobreza tiene sus privilegios, porque Cristo la vivió; pero también tiene sus males, su humo, sus aflicciones. A veces no sabes cómo se te ha de proveer. A menudo te falta alimento y vestido, te ves afligido con ansiedades, te preguntas de dónde vendrá la comida de mañana y de dónde obtendrás tus provisiones diarias. Es a causa de tu pobreza que estás colgado como un odre ahumado.

Sin embargo, muchos en el pueblo de Dios no son pobres; e incluso, si lo fueran, la pobreza no les ocasionaría tanta aflicción

COMO UN ODRE AHUMADO

como algunos suponen. Porque Dios, en medio de la pobreza, hace a sus hijos muy felices y les alegra tanto el corazón en su modesta casa que apenas se dan cuenta si se trata de un palacio o una choza. Sí, Él envía música tan dulce a través de las aguas de la aflicción de ellos que no saben si se encuentran en tierra firme o no.

Sin embargo, hay otras pruebas: y esto nos lleva a observar que a menudo nuestras pruebas son resultado de nuestras comodidades. ¿Qué hace el humo? Bueno, es el fuego con el que el árabe se calienta las manos el que le ahúma el odre, y lo ahúma también a él. De este modo, amado, nuestras comodidades suelen brindarnos problemas. Es la ley de la naturaleza que no haya un bien sin que contenga un mal relacionado. ¿Qué pasa con el riachuelo que fertiliza la tierra? A veces puede ahogar a los habitantes. ¿Y qué del fuego que nos alegra? ¿No consume frecuentemente nuestras viviendas? ¿Y el sol que nos ilumina? ¿No nos abrasa y nos lastima a veces con su calor? No hay nada bueno sin su mal; no hay fuego sin su humo.

El fuego de nuestra comodidad siempre traerá consigo el humo de la prueba. Lo descubrirás si te fijas en las comodidades que tienes en tu propia familia. Tienes relaciones; fíjate bien, cada una engendra su propia prueba, y cada nueva relación en la que entras te abre, en un momento dado seguramente, a una nueva fuente de alegrías, pero infaliblemente también a una nueva fuente de tristezas. ¿Eres padre? Tus hijos son tu gozo, pero esos hijos te ocasionan algo de humo porque temes que ellos no sean criados «en disciplina y amonestación del Señor» (Ef. 6:4). Y podría ser que, cuando lleguen a una edad más avanzada, te contristen el espíritu; ¡no permita Dios que quebranten tu corazón por sus pecados!

Tienes riquezas. Bueno, eso trae sus alegrías; pero aun así, ¿no tiene eso sus pruebas y aflicciones? ¿No tiene el rico más bienes que cuidar que el pobre? Quien no tiene nada duerme tranquilo, porque el ladrón no lo molestará; pero quien tiene abundancia a menudo tiembla para que el viento áspero no derribe lo que ha construido. Así como los pájaros que nos visitan se alejan volando de nosotros, nuestras alegrías traen consigo sus tristezas. Es más, la alegría y la tristeza son gemelas; la sangre que corre por las venas de la tristeza corre también por las venas de la alegría. Porque ¿cuál es la sangre del dolor sino la lágrima? ¿Y cuál es la sangre de la alegría? Cuando estamos henchidos de gozo, ¿no lloramos? La misma gota que expresa alegría es el emblema de nuestra tristeza; lloramos de alegría y lloramos de tristeza.

Nuestro fuego produce humo para decirnos que nuestras comodidades traen consigo sus propias pruebas. ¡Varón cristiano! Tú tienes fuegos extraordinarios que otros nunca han encendido; cuenta entonces con un humo extraordinario. Tienes la presencia de Cristo, pero entonces tendrás el humo del miedo, no sea que la pierdas. Tienes la promesa de la Palabra de Dios, ahí está el fuego de ella, pero a veces tienes el humo cuando la lees sin la iluminación del Espíritu de Dios. Tienes el gozo de la seguridad, pero también tienes el humo de la duda, que sopla en tus ojos y casi te enceguece. Tienes tus pruebas, y estas surgen de tus comodidades. Mientras más comodidades tengas, más fuego te vendrá; más tristezas experimentarás y más humo te llegará.

Además, el ministerio es el gran fuego con el que los cristianos nos calentamos las manos, pero el ministerio trae consigo mucho humo. ¡Cuán a menudo has asistido a la casa de Dios y se te ha elevado el espíritu! Pero quizás con la misma frecuencia has acudido para sentirte abatido. Las cuerdas de tu arpa a veces se han aflojado; no podías tocar con ellas una melodía alegre. Has acudido al templo, y Cristo afinó tu arpa para que pudiera despertar «como el arpa de sonido solemne de David». Pero en otras ocasiones has asistido al templo, y algún sermón solemne y escudriñador te ha quitado todo regocijo. El púlpito, que está destinado a veces a encender fuego en ti, también está destinado a lanzarte humo. No sería el púlpito de Dios si de él no saliera humo. Cuando Dios hizo del Sinaí su púlpito, el Sinaí se llenó completamente de humo. No obstante, creo que David tenía un pensamiento más. El pobre odre ahumado permanece allí en el humo durante mucho tiempo, hasta que ennegrece; no es solo una bocanada de humo la que le cae encima. El humo asciende perennemente, rodeando siempre al pobre odre; este vive en una atmósfera llena de humo. Así que, amado hermano, algunas veces quedamos colgados como odres en el humo durante meses o durante todo un año. Tan pronto como sales de un problema, caes en otro; acabas de trepar una colina, cuando tienes que ascender otra; parece que todo es cuesta arriba hasta el cielo. Siempre estás en medio del humo. Tal vez estés unido a un cónyuge impío, o quizás tú seas de un temperamento singular que pone de forma natural nubes y oscuridad a tu alrededor. Bueno, amado, esa era la condición de David. No solo que a veces se encontraba en medio de aflicciones, sino que parecía que las pruebas lo perseguían a diario. Cada jornada venía con sus angustias; cada hora cargaba en sus alas una nueva tribulación. En lugar de brindar gozo, cada momento solo hacía sonar el timbre de la felicidad y traía consigo otro sufrimiento. Bueno, si este es tu caso, no temas. No estás solo en tus aflicciones, pero ves la verdad de lo que aquí se dice: eres como un odre ahumado.

EL PUEBLO DE DIOS SIENTE SUS AFLICCIONES

Los miembros del pueblo de Dios se encuentran en medio del humo y son como odres ahumados. Hay algunas cosas que podrías colgar en el humo durante muchos días y no cambiarían mucho porque son tan negras ahora que no podrían ennegrecer más, y están tan arrugadas ahora que no podrían empeorar. Sin embargo, el pobre odre se encoge en el calor, se vuelve más negro y muestra enseguida el efecto del humo; pues no se trata de algo insensible, como una piedra, sino que se ve afectado al instante.

Ahora bien, algunos creen que la gracia hace que el individuo sea incapaz de sentir sufrimiento. He oído a personas insinuar que los mártires no soportaron mucho dolor mientras los quemaban vivos, pero esto no es así. Los cristianos no somos como piedras; somos como odres ahumados. Es más, si existe una diferencia, un cristiano siente más sus pruebas que otro, porque las rastrea hasta Dios, y eso las agudiza. Pero al mismo tiempo esto las hace más fáciles de soportar, porque el cristiano cree que obrarán para los frutos reconfortantes de justicia. Un perro morderá la piedra que le arrojan, pero un hombre se resentirá con aquel que le arrojó la piedra. La incredulidad estúpida, insensata y carnal riñe con la prueba; pero la fe entra de inmediato al tribunal del Rey y le pregunta a su Dios: «¿Por qué contiendes conmigo?» (Job 10:2). Pero ni siquiera la fe misma evita el sufrimiento del castigo; nos permite soportar, pero no elimina la aflicción. El cristiano no se equivoca al dar rienda suelta a sus sentimientos; ¿no soltó lágrimas el Maestro cuando Lázaro murió? Además, pronunció cuando estaba en la cruz, el amargo clamor: «Dios mío, Dios mío, ¿por qué me has desamparado?» (Mt. 27:46). Nuestro Padre celestial nunca pretendió quitarnos nuestros sufrimientos cuando estamos bajo alguna prueba. No nos pone fuera del alcance del diluvio, pero nos construye un arca en la cual flotamos hasta que el agua finalmente se calma y reposamos eternamente en el Ararat del cielo. Él nos concede gracia para soportar nuestras pruebas y entonar sus alabanzas mientras padecemos. Por mi parte, siento lo que Dios pone sobre mí.

La prueba que no sentimos no es prueba en absoluto. A veces nos encontramos con personas que manifiestan: «Yo podría soportar esa prueba si no afectara mis sentimientos». Por supuesto que podrías, porque entonces de ningún modo sería prueba. Es el sentimiento lo que la convierte en prueba; la esencia de la prueba está en sentirla. Y Dios tuvo la intención de que sus pruebas se sintieran. Las cañas divinas no están hechas de paja de trigo, sino de verdadero abedul; y los golpes de Dios caen donde los sentimos. Él no nos golpea en las placas metálicas de nuestra armadura, sino que nos hiere donde estamos seguros de que somos afectados.

Y aún más: las pruebas que no se sienten son pruebas inútiles. Si la herida no se siente, entonces el alma no mejora; si no emitimos clamores, entonces no se vacía nuestra depravación. Esto es así cuando sentimos que recibimos beneficio, pero una prueba que no se siente debe ser una prueba no santificada. Una prueba bajo la cual no sentimos nada no puede ser una bendición para nosotros, porque solo somos bendecidos cuando la sentimos bajo la dependencia del Espíritu Santo de Dios.

¡Cristiano! No te sonrojes por ser como un odre ahumado, porque eres sensible al estar bajo la aflicción, ya que así debe ser. No dejes que otros digan que no deberías sentir con tal intensidad el hecho de haber perdido a tu cónyuge, que tu hijo haya partido de este mundo, o que hayas perdido tu propiedad. Simplemente, diles que sí deberías sentir la prueba porque fue Dios quien la envió. Eso es paciencia: no cuando no sentimos, sino cuando sentimos la angustia y declaramos: «Aunque Él me elimine, en Él confiaré».

Como ya hemos dicho, cuando un odre está ahumado se ennegrece por completo. Así le ocurre al cristiano cuando experimenta el humo de la prueba, el humo del ministerio evangélico, o el humo de la persecución, se le ennegrece su propia estima. Es maravilloso lo radiantes que nos vemos cuando todo va bien con nosotros, pero es igualmente maravilloso lo ennegrecidos que nos volvemos cuando nos sobreviene una pequeña tribulación. Pensamos muy bien de nosotros mismos mientras no haya humo, pero permite que el humo venga y revele la negrura de nuestros corazones. Las pruebas nos enseñan lo que somos. Excavan la tierra y nos dejan ver de qué estamos hechos; son excelentes por esta razón.

> El humo y el calor secan pronto en nosotros cada átomo de humedad. Toda nuestra esperanza se desvanece, todas nuestras fuerzas se van, y entonces sentimos que somos pecadores vacíos y anhelamos que un Cristo pleno nos salve.

Un odre que cuelga en medio del humo se vuelve muy inútil. Así también nosotros, cuando estamos bajo un ministerio o una providencia que nos pone a prueba, a menudo sentimos que somos muy inútiles, buenos para nada, como un odre que ha estado colgado en el humo. Sentimos que no somos útiles para nadie, que somos unas pobres criaturas inservibles. En nuestros placeres somos criaturas honorables. Difícilmente pensamos que el Creador podría prescindir de nosotros; pero cuando estamos en dificultades sentimos: «Soy un gusano, y no un ser humano», un bueno para nada; déjame morir.

Y, además, un odre en el humo es un odre vacío. No se lo habría colgado en medio del humo si tuviera algo en su interior. Y con mucha frecuencia, ¡qué vacíos quedamos cuando estamos bajo pruebas! En nuestras alegrías nos sentimos plenamente llenos, pero el humo y el calor secan pronto en nosotros cada átomo de humedad. Toda nuestra esperanza se desvanece, todas nuestras fuerzas se van, y entonces sentimos que somos pecadores vacíos y anhelamos que un Cristo pleno nos salve. Somos como odres en el humo.

¿He descrito algunas de nuestras personalidades? Me atrevo a decir que muchos de nosotros somos como odres en medio del humo. Sentimos nuestras pruebas; tenemos un corazón suave y tierno, en el que las flechas del Todopoderoso se clavan rápidamente. Somos como un trozo de algas marinas, afectadas por cada cambio en el clima, no como un pedazo de roca que podría estar colgado y permanecer inmutable. Somos capaces de ser afectados, y es bastante correcto que lo seamos: debemos ser «como odres ahumados».

LOS CRISTIANOS NO OLVIDAN LOS DECRETOS DE DIOS

¿Cuáles son los decretos de Dios? Él tiene dos tipos de decretos, ambos grabados en bronce eterno. Los primeros son los decretos de sus mandamientos, y de estos Él ha declarado: «De cierto os digo que hasta que pasen el cielo y la tierra, ni una jota ni una tilde pasará de la ley, hasta que todo se haya cumplido» (Mt. 5:18). Estos decretos son como los de los medas y los persas: obligatorios para todo su pueblo. Los preceptos del Señor son un yugo ligero y fácil; pero este es un yugo que ninguna persona puede colocar sobre sus propios hombros. Todos deben cargar los mandamientos de Cristo, y todos los que esperan ser salvados por Él deben tomar diariamente su cruz y seguirlo. Además, están los decretos de promesa, que son igualmente firmes, cada uno de ellos tan inmortal como el Dios que los estableció. David no los olvidó, pues dijo de ellos: «Tus decretos han sido mis cánticos en el lugar de mi destierro» (Sal. 119:54, NVI).

¿Por qué David seguía tan aferrado a los decretos de Dios? En primer lugar, David no era un odre en medio del fuego, o de lo contrario habría olvidado tales estatutos.

> Los preceptos del Señor son un yugo ligero y fácil; pero este es un yugo que ninguna persona puede colocar sobre sus propios hombros. Todos deben cargar los mandamientos de Cristo, y todos los que esperan ser salvados por Él deben tomar diariamente su cruz y seguirlo.

Nuestras pruebas son como el humo, pero no como el fuego; son muy incómodas, pero no nos consumen. En otras partes de las Escrituras la imagen del fuego se puede aplicar a nuestras pruebas, pero aquí no sería apropiado porque el odre se quemaría si estuviera directamente expuesto al fuego. Te conviene, hermano cristiano, que haya más humo que fuego en tus pruebas. Y no hay motivo para que te olvides de tu Dios cuando te encuentres en problemas. Estos pueden tener la tendencia de alejarte de Él, pero como las grandes olas, a menudo arrastran trozos de madera de pobres embarcaciones perdidas hasta la playa del amor de Dios. Y el mástil que podría haber flotado en el mar está hecho una vez más para realizar un nuevo servicio. Así eres tú, cristiano, arrastrado a la orilla por las olas de tu aflicción, para nunca más volver a ser arrastrado por ella: «No me olvidé de obedecer tus decretos».

Otra razón de por qué David no se olvidó de obedecer los decretos de Dios fue que tanto el Señor Jesucristo como esos decretos estaban con él en medio del humo. Los decretos de Dios han estado en el fuego, así como el pueblo de Dios. Tanto la promesa como el decreto están en el mismo horno y, si cuelgo como un odre en medio del humo, veo colgando a mi lado los mandamientos de Dios, cubiertos de hollín y humo, sometidos a los mismos peligros. Supongamos que me persiguen. Es un consuelo saber que no soy yo el objeto de la persecución, sino la verdad de mi Maestro. Algo particular con relación a todas las flechas envenenadas que me han lanzado es que por lo general han caído en esa parte de mi cuerpo que es más invulnerable, porque generalmente han caído sobre algo que he citado de alguien más o que he demostrado de la Biblia. Las flechas pueden seguir cayendo. Es agradable pensar que Jesucristo está en el humo junto con nosotros, y mientras más llamas haya, mejor podremos ver a nuestro Maestro con nosotros en medio de ese humo.

Otra razón de por qué David no olvidó los preceptos fue que estaban en el alma, donde el humo no ingresa. El humo no entra al interior del odre; solo afecta el exterior. Así sucede con los hijos de Dios: el humo no ingresa a sus corazones. Cristo está allí, y la gracia está allí, y ni Cristo ni la gracia resultan afectados por el humo. ¡Vengan, nubes de humo! Asciendan hasta envolvernos. Aún seguiremos colgados del Clavo, Cristo Jesús, el Clavo seguro que no se puede mover de su lugar, y sentiremos que «aunque este nuestro hombre exterior se va desgastando, el interior no obstante se renueva de día en día» (2 Co. 4:16). Y puesto que los decretos están allí, no los olvidamos. «Estoy arrugado como un odre ahumado, pero no me olvidé de obedecer tus decretos».

Para ti que puedes unirte con David, permíteme darte un mensaje de consuelo. Si te han perseguido y aún te sigues aferrando a la Palabra de Dios, si te han afligido y aún perseveras en el conocimiento de nuestro Señor y Maestro, tienes toda la razón para creer que eres cristiano. Si bajo tus pruebas y aflicciones sigues siendo lo que eras cuando no las experimentabas, entonces puedes esperar, y no solo eso, sino creer firmemente y tener la seguridad de que eres un hijo de Dios.

Aunque soy pobre, débil e indefenso, sé que tengo un Amigo Todopoderoso muy rico. Si puedes soportar un poco de humo, entonces puedes creer que eres un hijo de Dios. Sin embargo, sabemos de algunas personas fantásticas que se conmocionan con una sola bocanada de humo. No lo soportan; salen de inmediato como ratas de la bodega de un barco cuando empieza a brotar humo. Pero si puedes vivir en el humo y expresar: «Aunque soy consciente de esto, aun así, puedo soportarlo», si puedes soportar un sermón y una prueba humeantes, y aferrarte a Dios bajo una persecución humeante, entonces tienes una razón para creer que sin duda alguna eres un hijo de Dios.

Los pájaros del buen tiempo no son buenos para nada; son los petreles de las tormentas los favoritos de Dios. A Él le encantan las aves que pueden nadar en medio de la tempestad; ama a aquellos que pueden moverse en la tormenta y, al igual que el águila, logran hacer del viento su carroza y cabalgar sobre llamas zigzagueantes de fuego. Si en el fervor de la batalla, cuando algún poderoso enemigo golpea tu yelmo, aún puedes mantener la cabeza erguida y declarar: «Yo sé a quién he creído» (2 Ti. 1:12) y no te apartas de tu puesto, entonces eres realmente un hijo del cielo. Porque la constancia, la resistencia y la perseverancia son las verdaderas características de un héroe de la cruz y de los invencibles guerreros del Señor.

Estos no son naves invencibles que huyen de una tormenta. No es un guerrero valiente quien presta oídos a los informes de otros acerca de que un fuerte es inexpugnable y que por tanto no

COMO UN ODRE AHUMADO

se atreve a atacarlo. Pero es valiente quien lanza su barco bajo los cañonazos o casi lo hace encallar y, con valor desesperado, golpea vez tras vez a su enemigo. Aquel que, en medio del humo y la tempestad, en el fragor y el rugido de la batalla puede dar sus órdenes con frialdad y, sabiendo que se espera que cada hombre cumpla con su deber, puede pelear con valentía... este es un comandante valeroso. Ese es un verdadero soldado que recibirá de su Maestro una corona de gloria. ¡Cristiano! ¡Aférrate a tu Maestro en el humo, agárrate de tu Señor en las pruebas, y serás refinado por tus aflicciones!

> Aunque soy pobre, débil e indefenso, sé que tengo un Amigo Todopoderoso muy rico. Si puedes soportar un poco de humo, entonces puedes creer que eres un hijo de Dios.

Sin embargo, hay personas que pueden consumir su propio humo. Estos son los que, cuando surgen las pruebas, logran superarlas muy bien por sí solos. Estas personas expresan: «Bueno, no me importa, los demás parecen tan solo un montón de simplones. Sienten todo; pero en cuanto a mí, todo me resbala y no me importa nada». Me atrevo a decir que no es así. Llegará el momento en que descubrirán la verdad de esas historietas que solían leer cuando eran niños, de que aquellos a quienes no les importa lo que les sucede a otros terminaron muy mal. Estos individuos no son como odres ahumados, sino como pedazos de leña colgados. Pronto descubrirán que hay algo más que humo. Llegarán a un lugar en que no solo hay humo, sino también fuego. Y, aunque puedan soportar el humo de las dificultades de este mundo, verán que no es tan fácil como imaginan soportar las quemaduras inenarrables y las llamas eternas de ese foso «donde el gusano de ellos no muere, y el fuego nunca se apaga» (Mr. 9:44). ¡Oh! Pecador empedernido, ahora experimentas congojas que son como combatientes que van delante de un ejército, esos pocos exploradores con armas ligeras que despejan el camino para las tropas completas de los vengadores de Dios, que te pisotearán. Una o dos gotas de aflicción han caído sobre el pavimento de tu vida; te ríes de ellas. Pero resultan ser los heraldos de una lluvia de fuego y azufre que Dios hará caer del cielo sobre tu alma durante toda la eternidad. Y, sin embargo, es posible que te compadezcas de nosotros, pobres cristianos, a causa de nuestros problemas y sufrimientos. Te compadeces de nosotros, ¿verdad? Ah, pero nuestra «leve tribulación momentánea produce en nosotros un cada vez más excelente y eterno peso de gloria» (2 Co. 4:17). Echa de ti esa lástima y resérvala para ti mismo, porque tu ligera y efímera alegría, que solo durará un momento, te producirá un peso de tormento inmenso, incalculable y eterno. Tu efímera felicidad será la madre de una tortura perenne e indescriptible, a la cual felizmente escaparemos quienes ahora te producimos lástima. Tu sol se pondrá pronto, y cuando se ponga vendrá tu noche. Y cuando tu noche venga, serán tinieblas eternas, sin ninguna esperanza de volver a ver la luz.

Antes que el sol se ponga, querido lector, que Dios te conceda gracia. ¿Preguntas qué debes hacer para ser salvo? De nuevo viene la antigua respuesta: «Cree en el Señor Jesucristo, y serás salvo» (Hch. 16:31). Si crees que no eres pecador, no tengo ninguna salvación para ti. Si eres un fariseo que no reconoces tus pecados, no te tengo ningún Cristo para predicarte; no tengo ningún cielo para ofrecerte. Pero si eres un pecador, un auténtico pecador, si eres un verdadero pecador, no uno falso, tengo esto para decirte: Jesucristo vino para salvar a los pecadores, incluso a los que han pecado muchísimo. Y si ahora mismo crees en Él, saldrás en este mismo instante consagrado, absuelto y sin un solo pecado; perdonado, dispensado, lavado, sin una sola mancha; acepto en el Amado. Mientras vivas, ese perdón te será válido; y cuando mueras, lo único que tendrás que hacer es mostrarlo a las puertas del paraíso para ser admitido. Y entonces, en un gran cántico noble y tierno, ese perdón formará la base de tu alabanza mientras los coros del cielo se escucharán, o mientras la alabanza del Eterno será la balada del universo. ¡Que Dios te bendiga! Amén.

Agradecimientos

COMO OCURRE CON cualquier proyecto de escritura, este libro no habría llegado a su fin sin el sacrificio y apoyo de muchas personas. Estoy profundamente agradecido con cada una de ellas.

En el ámbito personal, mi vida y ministerio se han visto favorecidos y enriquecidos por las oraciones y el aliento que recibo de mi familia. Dios me ha dado a mi esposa Karen y mis hijos Anne-Marie, Caroline, William, Alden y Elizabeth, quienes me bendicen sin medida. Amo a cada uno de ustedes incondicional e infinitamente más de lo que se imaginan.

En el ámbito institucional, mis colaboradores y el personal de oficina son una fuente incalculable de apoyo y aliento. Estoy especialmente agradecido con Tyler Sykora, Dawn Philbrick, Lauren Hanssen y Justin Love. También agradezco a Russ Meek, quien me ha prestado una gran ayuda editorial. Es un placer servir con cada uno de estos hombres y estas mujeres; cada uno de ellos realiza sus tareas diarias con mucha amabilidad y competencia. Gracias.

Agradezco al equipo de Moody Publishers, especialmente a Drew Dyck y Allan Sholes. Gracias por creer en este proyecto y por trabajar conmigo para llevarlo a cabo.

Por último, y sobre todo, estoy en deuda con mi Señor y Salvador, Jesucristo. Como con cualquier otra iniciativa ministerial, nada de esto habría sido posible sin su gracia, su llamado y su preparación. ¡Ojalá que esta obra, y todo lo que yo realice, le traiga mucha gloria!